大学生读写说教程

主　编　陈恩黎
副主编　陈小亮　吴高园

ZHEJIANG UNIVERSITY PRESS
浙江大学出版社

前　言

年轻人应该具有的基本素养之一，是精确而优雅地使用本国语言。而要习得这样的素养，阅读、写作与言说是必经的有效途径。阅读，能够使人的精神日益丰富；写作则能训练思维的严谨性；言说与讨论则能让思想保持活跃与生机。这些正是《大学生读写说教程》要努力帮助年轻人达成的目标。

本教材的“经典阅读篇”共分七个单元，分别为：“远古的想象力”“历久弥新的智慧”“时代洪流中的个体”“说不尽的情与爱”“浮沉的民间与乡土”“插上幻想翅膀的科学”和“中国的侠士与西方的骑士”。每篇选文都是其所属主题单元的变奏之一，从而呈现多元视角的开阔文化视野。此外，“视野拓展篇”里包含了两个维度的文化传统介绍，其侧重点是加强人文通识素养。“应用文写作篇”聚焦于行政公文与事务文书的写作训练，“口语交际篇”则从多个角度强化训练了最基本的沟通素养，这两篇均以帮助学生提升实际职业能力为宗旨。

本教材的核心目标读者群为汉语言文学专业以外的所有大学生，尤其是理工科类的大学生。因此，本教材突出了如下特质：

一、中国精神。毫无疑问，母语教育是贯穿人一生的教育。因此，本教材主线就是中国精神。单元选文以时间为经，内容为纬，力图全面呈现中国曾经有过和正在生长的力量，呈现生活在这辽阔大地上的人们的生死忧患、喜怒哀乐。

二、国际视野。宁波是中国著名的国际港口城市，素有“港通天下”的美誉。对异域文化的包容与吸收一直是宁波不断更新的强大动力之一。为宁波建设输送各行各业人才的宁波工程学院自然也把“国际化”视为重要的办学宗旨之一。在此背景下，本教材在“经典阅读篇”的选文阅读中介绍了世界经典名篇。这些名著向我们展现了一个跨越国界、民族和文化差异的人类共同体的精神家园。

总之，本教材力图整合“语文”“文学”和“人文”三种维度的优势，构建一个既提升大学生的人文通识素养，又强化与训练其实际语言文字运用能力，使之具有自我更新与生长能力的汉语空间。

本教材由陈恩黎负责总体规划，制定纲要、细目以及对各章进行统稿、修改和定稿，并编写第六单元和“视野拓展篇”之第六节；贾怀鹏编写第一单元；陈小亮编写第二单元、第四单元；严红彦编写第三单元、第五单元；吴高园编写第七单元；孙欣编写“视野拓展篇”之第三节；翟新格编写“应用文写作篇”；虞蓉编写“口语交际篇”。

陈恩黎

于宁波工程学院人文与艺术学院

目录 MULU

◎ 经典阅读篇

第一单元 远古的想象力

导语

神话长期以来被认为是古代先祖荒诞不经的想象。直到现代人类学的兴起，神话的价值才真正受到重视。事实上，神话并不是古代奇闻异事的合集，而是记录着一个民族集体无意识和文化基因的珍贵精神档案。神话是古代哲学大厦的根基，也是文学的策源地。不同民族的神话深刻而真实地呈现着自身独特的思维方式、世界观与价值观。在这个单元里，我们将通过神话来领略中华文明、古希腊文明以及古日耳曼文明的独特魅力，领悟人类文化的多元性。

选文

一、中国神话六则①

题解：本文选自《山海经》。本选文的标题和序号为编者所加。所选的六则神话包含了我国远古时期的日月崇拜集体无意识、山川地理知识和一些重大的历史事件。中国神话由于儒家的“敬鬼神而远之”和“子不语怪力乱神”，只能以“志怪”的形式零碎地存在于古籍或散落在民间而至于湮灭无闻。《山海经》这部奇书无疑是中国神话保留得最多最全的文献，透过它的片言只语，我们得以窥见与推测中华民族的远古历史和文化渊薮。

（一）

有九丘，以水络之：名曰陶唐之丘、叔得之丘、孟盈之丘、昆吾之丘、黑白之丘、赤望之丘、参卫之丘、武夫之丘、神民之丘。有木，青叶紫茎，玄华黄实，名曰建木，百仞无枝，上有九欘，下有九枸，其实如麻，其叶如芒。大皞爰过，黄帝所为。

①方韬.山海经[M].北京:中华书局,2016.

（二）

西海之南，流沙之滨，赤水之后，黑水之前，有大山，名曰昆仑之丘。有神——人面虎身，有文有尾，皆白——处之。其下有弱水之渊环之，其外有炎火之山，投物辄然。有人戴胜，虎齿，有豹尾，穴处，名曰西王母。此山万物尽有。

（三）

大荒之中，有山名曰日月山，天枢也。吴姖天门，日月所入。有神，人面无臂，两足反属于头上，名曰嘘。颛顼生老童，老童生重及黎，帝令重献上天，令黎印下地。下地是生噎，处于西极，以行日月星辰之行次。

有人反臂，名曰天虞。

有女子方浴月。帝俊妻常羲，生月十有二，此始浴之。

（四）

大荒之中，有山名曰孽摇頵羝。上有扶木，柱三百里，其叶如芥。有谷曰温源谷。汤谷上有扶木，一曰方至，一曰方出，皆载于乌。

（五）

大荒之中，有山名不句。海水北入焉。

有系昆之山者，有共工之台，射者不敢北乡。有人衣青衣，名曰黄帝女魃。蚩尤作兵伐黄帝，黄帝乃令应龙攻之冀州之野。应龙畜水。蚩尤请风伯雨师，纵大风雨。黄帝乃下天女曰魃。雨止，遂杀蚩尤。魃不得复上，所居不雨。叔均言之帝，后置之赤水之北。叔均乃为田祖。魃时亡之，所欲逐之者。令曰："神北行！"先除水道，决通沟渎。

（六）

洪水滔天。鲧窃帝之息壤以堙洪水，不待帝命。帝令祝融杀鲧于羽郊。鲧复生禹。帝乃命禹卒布土以定九州。

二、古希腊神话一则

题解： 本文选自《神话——希腊、罗马及北欧的神话故事和英雄传说》。本选文的标题为编者所加。作者伊迪丝·汉密尔顿（Edith Hamilton，1867–

1963），美国著名的古典文学普及作家。古希腊神话以其系统性和生动性而享誉世界，并且在人类历史文化上的影响力非常深远。在古希腊神话中，人类第一次意识到自身生命存在的非凡意义。本单元所选的关于水仙花的神话在西方神话学体系中具有非常重要的地位，是多种神话理论的演武场。

水仙花的来源①

故事的男主人公是一位名叫那耳喀索斯的美少年。

他实在太美了，见过他的姑娘全都渴望成为他的爱人，可是他却一个也不想要。他漫不经心地从最迷人的姑娘身边走过，无论她怎样努力吸引他的注意，他都不理不睬。那些心碎的少女在他眼里算不了什么，连最美丽的仙女厄科的悲惨遭遇都打动不了他。厄科是森林和野生动物女神阿耳忒弥斯的宠婢，但是她得罪了最有权势的女神赫拉。赫拉那天照例想查清楚宙斯在干什么。她怀疑宙斯爱上了某一位仙女，就来盘查她们，看看是哪一个。但是，厄科那愉快的闲谈立刻使她分了心，忘记了她是在调查。就在她听得津津有味的时候，其他仙女趁机偷偷溜走了，以致赫拉无法确知宙斯那飘忽不定的爱意到底落在了谁的身上。于是，一贯不分青红皂白的赫拉便迁怒于厄科，这位仙女成了遭到赫拉惩罚的另一个不幸的姑娘。天后罚她永远不能讲话，除非是重复别人对她说的话。赫拉说："你将永远重复别人的最后一句话，却无法首先开口。"

这种惩罚非常残酷，尤其是当厄科跟其他害相思病的少女一样爱上了那耳喀索斯的时候，这种惩罚就使她更加难以忍受。她可以跟着他，却无法对他讲话，那她怎么可能使一位从来不看女孩子一眼的少年注意到她呢？不过，有一天，她的机会好像来了。他在呼唤他的同伴："有人在这儿吗？"她立刻喜滋滋地应道："这儿——这儿。"她仍然藏在树丛里，所以没有被他看见。他又喊道："来吧！"——这正是她想对他说的话。于是她欣然应道："来吧!"并伸出双手，走出了树丛。但是他却嫌恶地转身走开，显得十分生气。"不行，"他说，"我宁死也不让你支配我。"她只能谦卑地哀求道："我让你支配我。"但是他已经走了。她孤零零地躲在洞里掩藏满面的红晕和满心的屈辱，永远也得不到安慰。她至今仍然住在那类地方。据说她由于相思而日渐憔悴，现在只剩下声音了。

那耳喀索斯依然我行我素，不愿改变他那残酷的做法，始终对爱情抱以蔑视的态度。最后，被他伤害过的那些女子中的一个向诸神祷告，并得到了回应："愿不爱别人的人爱上他自己。"伟大的女神涅墨西斯（意为"正义之怒"）着手安排这

①伊迪丝·汉密尔顿.神话——希腊、罗马及北欧的神话故事和英雄传说[M].刘一南,译.北京：华夏出版社, 2010.

件事。当那耳喀索斯在一个清澈的池塘边俯身喝水时，他看见了自己的倒影，便立刻爱上了它。他叫道："现在我知道别人为我受了多少痛苦了，因为连我也热烈地爱上了我自己——然而我怎么可能接触到水中那迷人的影像呢？可我又离不开它。我唯有一死才能获得自由。"事情就这样发生了。他寸步不离地守在池塘边，深情地凝视着水中的倒影，日益憔悴。厄科就在他附近，可是她一点儿办法都没有。只有当他奄奄一息对着自己的影子叫道"别了——别了"的时候，她才复述了这句话，算是与他道别。

据说，在他的亡魂渡过环绕着冥国的那条河时，他还倚在船边，向水中的倒影看了最后一眼。

他死后，曾经被他藐视的众仙女对他很仁慈，想找到他的尸体来安葬，但却怎么也找不到。在他倒下的地方开出了一种新的花儿，十分娇媚可爱，于是她们就用他的名字为它命名，叫作那耳喀索斯（水仙花）。

三、北欧神话一则①

题解： 本文选自《奥丁的子女——北欧神话故事集》。本选文的标题为编者所加。作者帕德里克·科勒姆（Padraic Colum,1881−1972），爱尔兰著名诗人、小说及戏剧作家。北欧神话是日耳曼神话的最北段延伸，也是西方神话体系中的重要一支。在北欧神话系统中，神不是万能的，世界也不是永恒的。奥丁是北欧神话中的主神，也是阿萨神族的诸神之王。

修筑城墙

巨人和诸神之间总是纷争不断——巨人一方企图毁灭人类及世界，而诸神一方则试图保护人类，并使世界更趋美好。

关于诸神，我们有许多故事要讲。但最先应该告诉你的，是诸神修筑他们家园的故事。

诸神披荆斩棘，爬上高山之巅，决心在这里为自己建造一座伟大的城市，一座巨人永远无法攻克的城市。他们将这座未来的城命名为"阿斯加尔德"，意即诸神的寓所。诸神计划在山顶美丽的平原上建造它，并打算在新城四周筑起史上最高、最牢固的城墙。

一天，当诸神将要动工修建大厅和宫殿时，一位陌生人向他们走来。"众神之

①帕德里克·科勒姆.奥丁的子女——北欧神话故事集[M].邢小胖,译.上海:上海社会科学院出版社,2016.

父”奥丁走过去，向那个人问道：“你来众神之山，有何求？”

“我了解大神们的心思，”陌生人自信满满地答道，“我知道他们准备在此处建造一座城市。我没能力建造宫殿，但我有能力建造坚不可摧的城墙。让我为你们的城市建造环绕的城墙吧。”

奥丁问道：“你若修筑这样的城墙，需要多长时间呢？”

“哦，奥丁，需要一年时间。”陌生人回答。

奥丁心里盘算，环城巨壁若真能筑成，那诸神就不用费神时刻防范巨人进攻阿斯加尔德了。奥丁也知道，如果阿斯加尔德的安全有了保障，那他就可以到人类中去，教授他们技艺并帮助他们。要是真能这样，奥丁觉得那陌生人开口要多少钱都不算过分。

陌生人参加了诸神大会，他发誓一年之内一定会建好城墙。奥丁也向他承诺，如果一年后城墙不缺一砖一瓦，那诸神就会满足他所提的任何要求。

陌生人当天离开了阿斯加尔德，并于第二天的清晨返回。他开始工作的那天是入夏第一天。除了一匹巨大的马，他什么帮手也没带。

诸神起初认为，这匹马除了能在城墙修筑时拉石运砖外，什么忙也帮不上。但实际上，这匹马做的比他们想的多得多。他把石块安放就位，再用砂浆把它们砌起来。这匹马起早贪黑，不分昼夜地工作，很快，城墙的雏形就在诸神所建之城的四周拔地而起。

诸神彼此交头接耳：“奥丁到底会给陌生人什么奖励呢？”

奥丁兴奋地上前对陌生人说：“我们对你和你马儿的工作感到叹为观止。没有人会怀疑阿斯加尔德伟大的城墙会在下一年入夏的第一天来临之前竣工。你想要什么样的奖励，我们可以提前给你准备好。”

陌生人停下了手头的工作，让那匹马继续砌石。“哦，奥丁，众神之父，”他说，“我想要的酬劳是太阳和月亮，然后让看护花草的女神弗蕾娅做我的妻子。”

奥丁感到他所提的要求简直是非分之想，不禁大怒。他走到城墙内正在修筑金碧辉煌宫殿的诸神中间，传达了陌生人的要求。男神们不悦地说：“没有了太阳和月亮，世界就会消亡。”女神们也抱怨道：“没有了弗蕾娅，阿斯加尔德也会黯然失色。”

诸神宁可让已经动工的城墙荒废，也不愿意答应陌生人提出的不合理要求。但神的行列中有人发话了，那就是洛基，他只能算是半神族，他的父亲是风暴巨人。他以不慌不忙的口气说道：“让那家伙继续围着阿斯加尔德建城墙吧。我会想办法让他放弃刚才所提的霸王条件。去告诉他，城墙必须在来年入夏第一日之前就建好，到时只要有一块石头未放好，所有的条件都无效。”

诸神便去跟陌生人谈条件，说如果在来年入夏第一天，城墙上还缺一块砖头，不管是苏尔和玛尼，即太阳和月亮，还是弗蕾娅，他都别想得到。现在他们才发现，原来这个陌生人是巨人家族的一员。

巨人和巨马干活比以往更带劲了，砌墙的速度也更快了。晚上，当巨人熟睡之际，巨马还是不停地干活，他托起石块，用巨大的前蹄把它们垒到墙基上。日子一天一天过去了，阿斯加尔德外围的城墙也一日高于一日。

诸神看到围绕宫殿的城墙日渐增高时，心里并不高兴。他们担心到了明年入夏的第一天，巨人和他的马会建好城墙，那时苏尔和玛尼，即太阳和月亮，以及弗蕾娅通通会被巨人带走。

在诸神黯然神伤之际，只有洛基气定神闲，丝毫不为所动。他不停地安慰诸神说自己一定能想个好法子让巨人和巨马的工作完不成，那时他还会让巨人为先前向奥丁漫天要价而付出代价。

斗转星移，还有三天就又入夏了。除大门处的城墙还没建好外，其他的地方都建好了，而大门上方也只差一块石头等待安放。巨人在睡觉前吩咐巨马运一块大石头来，这样他们明天一早就能把石块放在大门上方。顺利的话，可以提前整整两天收工。

那是一个美丽的月明之夜。巨人的巨马斯瓦迪尔法利正在拉一块大石头，这石头之大远超他过去所运过的。忽然，他看到一头娇小的牝马向他急驰而来，其貌之美是他前所未见，便吃惊地凝神看她。

“斯瓦迪尔法利，你个奴隶。”娇小的牝马边对他喊话，边撒欢驰过。

斯瓦迪尔法利放下正在拉的石块，叫住了娇小的牝马。待牝马回到他身边，巨马问她：“你刚才为什么说我是奴隶?”

“因为你不得不没日没夜地帮你的主人干活，”娇小的牝马说道，“他让你一直工作、工作、工作，从不让你享受生活。你都不敢放下石块，跟我玩上一会儿。”

斯瓦迪尔法利愤愤地说：“谁告诉你我不敢的?”

“我就是知道你不敢。”说罢，娇小的牝马扬起后蹄，在洒满月光的草地上奔跑起来。

其实，斯瓦迪尔法利早就厌倦没日没夜地干活了。在他看到雀跃的娇小牝马的时候，心中积聚的不满一下爆发了。他把要拉的石块留在原地，环顾四周，发现娇小的牝马正在远处回头看他，便跟在她后面跑了起来。

可他怎么也追不上娇小的牝马。她在月光下的草地上不停奔跑着，时不时回过头来看斯瓦迪尔法利一眼。他气喘吁吁地追着她。娇小的牝马沿着山坡往下跑，斯瓦迪尔法利依旧紧追不舍，不觉沉浸在重获自由的欢欣鼓舞中，清新的风、芬芳的花香都让他陶醉。当黎明到来时，他们穿越山洞，这时斯瓦迪尔法利总算赶上了娇小的牝马。他们并肩徜徉，娇小的牝马边走边向斯瓦迪尔法利讲述侏儒和精灵的故事。

接着他们来到一座果园，双双流连忘返，娇小的牝马与巨马嬉戏，她是如此迷人，让巨马完全忘记了时间的流逝。当他们在果园漫步的时候，巨人正上蹿下跳、气急败坏地四处寻找他的马。

那天早上巨人走到城墙边，打算安放最后一块石头结束工作，却发现巨石仍待运来，不在他身边。他便呼唤斯瓦迪尔法利过来帮忙，但怎么叫巨马都不响应。巨人四处寻找，他沿着山坡一路找寻，直至走遍世界各地，足迹远至巨人王国的边境，还是没有找到斯瓦迪尔法利的踪影。

入夏那天，诸神看到城墙还没完成，于是交头接耳，要是到了晚上还没建好，那就不用把太阳和月亮，即苏尔和玛尼给巨人了，少女弗蕾娅也不用嫁给他。入夏之日过去了，巨人还是没能把石头放到大门上。到了晚上，他来到诸神面前。

奥丁说："你的工作没完成啊。之前你向我们提出了很苛刻的条件，看来现在我们不必履行它了。你得不到苏尔和玛尼，也得不到弗蕾娅了。"

"只有我修筑的城墙才会牢不可破，现在我要亲手摧毁它。"巨人愤怒地说道，他试图推倒一处宫殿。然而诸神一拥而上摁住了他，把他推到他亲手修筑的城墙外面。奥丁呵斥道："走吧，以后别来给阿斯加尔德添麻烦了。"

洛基回到阿斯加尔德后，告诉诸神他是怎样化装成一头娇小的牝马，并且把巨马斯瓦迪尔法利引开的经过。当诸神坐在由城墙拱卫的金碧辉煌的宫殿里，为今后无人能攻破这座城市而欢庆时，众神之父奥丁却坐在宝座之上，暗自神伤，在他看来，诸神是用诡计建成了城墙，这不但违背了当初的誓言，阿斯加尔德的正义也因此受损。

思考题

1. 比较不同民族的创世神话，说一说其中所蕴含的不同世界观或价值观。

2. 除了单元所选的神话故事外，你还读过哪些民族的神话？其中印象最深刻的是什么神话？

3. 你认为在现代社会中有神话存在吗？请谈谈你的理由。

第二单元　历久弥新的智慧

导语

自从人类诞生在这个世界，对智慧和真理的追求就从未停止。哲学（Philosophia）在希腊语中的含义就是爱智慧。古往今来，在中西哲学的文化长廊中，可以说出一长串思想家的名字，从孔子、孟子、老子、庄子到苏格拉底、柏拉图、亚里士多德……他们的思想就像漫漫长夜中不熄的灯火，指引着历史向前的脚步。

选文

一、子路、曾皙、冉有、公西华侍坐①

题解：本文选自《论语·先进篇》。本选文的标题为编者所加。作者孔子（前551–前479），名丘，字仲尼，鲁国陬邑（今山东曲阜）人，儒家学派创始者。《论语》是孔子弟子及后学记录孔子言行的著作，共二十篇，是研究孔子生活、思想的重要资料。本文记述了孔子弟子子路、冉有等四人申述各自人生理想以及孔子对他们的评价。

子路、曾皙、冉有、公西华侍坐。

子曰："以吾一日长乎尔，毋吾以也。居则曰：'不吾知也！'如或知尔，则何以哉?"

子路率尔而对曰："千乘之国，摄乎大国之间，加之以师旅，因之以饥馑；由也为之，比及三年，可使有勇，且知方也。"

夫子哂之。

"求！尔何如?"

对曰："方六七十，如五六十，求也为之，比及三年，可使足民。如其礼乐，

①孔子．论语[M]. 陈晓芬，译注．北京：中华书局，2016.

以俟君子。”

“赤！尔何如?”

对曰：“非曰能之，愿学焉。宗庙之事，如会同，端章甫，愿为小相焉。”

“点，尔何如?”

鼓瑟希，铿尔，舍瑟而作，对曰：“异乎三子者之撰。”

子曰：“何伤乎？亦各言其志也。”

曰：“莫春者，春服既成，冠者五六人，童子六七人，浴乎沂，风乎舞雩，咏而归。”

夫子喟然叹曰：“吾与点也!”

三子者出，曾皙后。曾皙曰：“夫三子者之言何如?”

子曰：“亦各言其志也已矣。”

曰：“夫子何哂由也?”

曰：“为国以礼，其言不让，是故哂之。”

“唯求则非邦也与?”

“安见方六七十如五六十而非邦也者?”

“唯赤则非邦也与?”

“宗庙会同，非诸侯而何？赤也为之小，孰能为之大?”

二、曲则全①

题解：本文选自《老子》。本选文的标题为编者所加。作者老子，姓李，名耳，字聃。春秋后期楚国苦县（今河南鹿邑）人，道家学派创始人。《老子》亦名《道德经》，是道家学派的开山之作，也是中国古典思想的基本经典之一。这是一部智慧之书，短短五千言的《老子》，浓缩了中国人深层的经验和智慧，是我们了解自己的一个通道。本选文表达了老子谦退不争的处世哲学。

曲则全，枉则直，洼则盈，敝则新，少则得，多则惑。是以圣人抱一为天下式。不自见，故明；不自是，故彰；不自伐，故有功；不自矜，故长。夫唯不争，故天下莫能与之争。古之所谓曲则全者，岂虚言哉！诚全而归之。

①刘思禾. 老子[M]. 上海：上海古籍出版社, 2013.

三、公孙丑上①

题解：本文选自《孟子》。本选文的标题为编者所加。作者孟子（约前372—约前289），名轲，表字无传。战国中期邹（今山东邹城）人。孟子是孔子之后儒家学派的主要代表。本选文提出这样一个观点：人皆有不忍人之心，因为人性本善，人生而具有恻隐之心、羞恶之心、辞让之心、是非之心，这些善心即仁之端、义之端、礼之端和智之端。人君只要能善于扩充之，就可以施行仁政。

孟子曰："人皆有不忍人之心。先王有不忍人之心，斯有不忍人之政矣。以不忍人之心，行不忍人之政，治天下可运之掌上。所以谓人皆有不忍人之心者，今人乍见孺子将入于井，皆有怵惕恻隐之心，非所以内交于孺子之父母也，非所以要誉于乡党朋友也，非恶其声而然也。由是观之，无恻隐之心，非人也；无羞恶之心，非人也；无辞让之心，非人也；无是非之心，非人也。恻隐之心，仁之端也；羞恶之心，义之端也；辞让之心，礼之端也；是非之心，智之端也。人之有是四端也，犹其有四体也。有是四端而自谓不能者，自贼者也；谓其君不能者，贼其君者也。凡有四端于我者，知皆扩而充之矣。若火之始然，泉之始达。苟能充之，足以保四海；苟不充之，不足以事父母。"

四、逍遥游(节选)②

题解：本文选自《庄子》。此书为庄子及其后学的说理散文集。作者庄子名周，生卒年不详，战国前期宋国蒙（今河南商丘）人。他一生清贫，不慕权贵，终身不仕，以快其志，是继老子之后道家学派的代表人物。《逍遥游》是《庄子》的首篇，以"逍遥游"命题，恰好道出了庄子人生哲学的最高要求和最高境界，也是庄子哲学思想的出发点和归宿。

北冥有鱼，其名为鲲。鲲之大，不知其几千里也，化而为鸟，其名为鹏。鹏之背，不知其几千里也，怒而飞，其翼若垂天之云。是鸟也，海运则将徙于南冥。南冥者，天池也。

《齐谐》者，志怪者也。《谐》之言曰："鹏之徙于南冥也，水击三千里，抟扶摇而上者九万里，去以六月息者也。"野马也，尘埃也，生物之以息相吹也。天之

①万丽华，蓝旭．孟子[M]．北京：中华书局，2016.

②万丽华，蓝旭．孟子[M]．北京：中华书局，2016..

苍苍，其正色邪？其远而无所至极邪？其视下也，亦若是则已矣。且夫水之积也不厚，则其负大舟也无力。覆杯水于坳堂之上，则芥为之舟，置杯焉则胶，水浅而舟大也。风之积也不厚，则其负大翼也无力。故九万里则风斯在下矣，而后乃今培风；背负青天，而莫之夭阏者，而后乃今将图南。

蜩与学鸠笑之曰："我决起而飞，抢榆枋，时则不至而控于地而已矣，奚以之九万里而南为？"适莽苍者，三飡而反，腹犹果然；适百里者，宿舂粮；适千里者，三月聚粮。之二虫又何知！

小知不及大知，小年不及大年。奚以知其然也？朝菌不知晦朔，蟪蛄不知春秋，此小年也。楚之南有冥灵者，以五百岁为春，五百岁为秋；上古有大椿者，以八千岁为春，八千岁为秋，此大年也。而彭祖乃今以久特闻，众人匹之，不亦悲乎！

汤之问棘也是已："穷发之北，有冥海者，天池也。有鱼焉，其广数千里，未有知其修者，其名为鲲。有鸟焉，其名为鹏，背若太山，翼若垂天之云，抟扶摇羊角而上者九万里，绝云气，负青天，然后图南，且适南冥也。斥鴳笑之曰：'彼且奚适也？我腾跃而上，不过数仞而下，翱翔蓬蒿之间，此亦飞之至也。而彼且奚适也！'"此小大之辩也。

故夫知效一官，行比一乡，德合一君而征一国者，其自视也，亦若此矣。而宋荣子犹然笑之。且举世而誉之而不加劝，举世而非之而不加沮，定乎内外之分，辩乎荣辱之境，斯已矣。彼其于世，未数数然也。虽然，犹有未树也。夫列子御风而行，泠然善也，旬有五日而后反；彼于致福者，未数数然也。此虽免乎行，犹有所待者也。若夫乘天地之正，而御六气之辩，以游无穷者，彼且恶乎待哉！故曰：至人无己，神人无功，圣人无名。

五、白马论①

题解： 本文选自《公孙龙子》。作者公孙龙（约前325—前250），复姓公孙，名龙，字子秉，战国末期赵国人。他是先秦名家学派主要代表人物之一，逻辑思想家，著有《公孙龙子》一书。现存世五篇，其中《白马论》和《坚白论》最为著名。《白马论》分析一般与个别的关系，强调"白马"（个别）与"马"（一般）的区别。

曰："白马非马，可乎？"

曰："可。"

①陈高傭.公孙龙子·邓析子·尹文子今解[M].北京：商务印书馆，2017.

曰："何哉？"

曰："马者，所以命形也。白者，所以命色也。命色者，非命形也，故曰白马非马也。"

曰："有白马，不可谓无马也。不可谓无马者，非马也？有白马为有马，白之非马，何也？"

曰："求马，黄黑马皆可致。求白马，黄黑马不可致。使白马乃马也，是所求一也，所求一者，白者不异马也。所求不异，如黄、黑马有可有不可，何也？可与不可，其相非，明。故黄、黑马，一也，而可以应有马，而不可以应有白马，是白马之非马，审矣。"

曰："以马之有色为非马，天下非有无色之马也。天下无马，可乎？"

曰："马固有色，故有白马。使马无色，有马如已耳，安取白马？故白者非马也。白马者，马与白也；马与白，马也？故曰白马非马也。"

曰："马未与白为马，白未与马为白。合白与马，复名白马，是相与以不相与为名，未可。故曰：白马非马，未可。"

曰："以有白马为有马，谓有白马为有黄马，可乎？"

曰："未可。"

曰："以有马为异有黄马，是异黄马於马也。异黄马於马，是以黄马为非马。以黄马为非马，而以白马为有马；此飞者入池，而棺椁异处；此天下之悖言乱辞也。"

曰："有白马不可谓无马者，离白之谓也。不离者有白马不可谓有马也。故所以为有马者，独以马为有马耳，非有白马为有马。故其为有马也，不可以谓马马也。

曰："白者不定所白，忘之而可也。白马者，言白定所白也。定所白者非白也。马者无去取於色，故黄黑马皆所以应。白马者有去取於色，黄黑马皆以所色去，唯白马独可以应耳。无去者非有去也。故曰：白马非马。"

思考题

1. 子曰："饭疏食饮水，曲肱而枕之，乐亦在其中矣。不义而富且贵，于我如浮云。"孔子极力提倡"安贫乐道""饭疏食饮水，曲肱而枕之"，对于有理想的人来讲，可以说是乐在其中。同时，他还提出，不符合于道义的富贵荣华，他是坚决不予接受的，对待这些东西，如天上的浮云一般。这种思想深深影响了中华民族。请结合现实谈谈你的人生理想和义利观。

2. 老子说“无为而无不为”“不争而天下莫能与之争”，而现代社会只是一味鼓励“有为”“竞争”，你能从辩证法的高度加以评说吗？

第三单元　时代洪流中的个体

导语

历史到底是谁创造的？马克思曾说：“人们的社会历史始终只是他们的个体发展的历史，而不管他们是否意识到这一点。”然而，个体身居历史之中却常常有无力感，无论是过去还是现在，无论是战争年代还是和平时期，无论是英雄还是平民。在时代洪流中，个体的选择空间和能量到底有多大，人到底能不能掌控自己的命运？人是历史的创造者，缘何又被历史所绑架、所囚困、所遮蔽、所压制、所蹂躏、所牺牲？屈原发出振聋发聩的《天问》，雅典卫城酒神剧场上英雄的悲剧演绎了千年；有“生年不满百，常怀千岁忧”的慨叹，也有“退避三舍”的逆境雄心。从古典的诗词歌赋，到俄国的现实主义、中国的新写实小说，作品中个体命运的起伏总能引发读者最强烈的共鸣。一个时代随风而逝，洪流中泥沙俱下，任何个体都无法逃脱时代的冲刷；当个体与时代面临冲突，如何维持个体鲜活的生命与尊严，这是一个永恒的无解命题。

选文

一、《古诗十九首》二首①

题解：《古诗十九首》在中国文学史上有着非常重要的地位。它一方面继承了诗三百篇的传统，另一方面又开了建安魏晋五言诗的风气；它既有完整优美的诗歌形式，又有丰富充实的内容，别具风味。虽然只有寥寥十九首诗，但一字千金，抵得上后世的无数篇什。其中，《青青陵上柏》列《古诗十九首》第三首，是一首描写失意士人感叹的诗；《生年不满百》列《古诗十九首》第十九首，是一首感慨人生苦短，劝人通达世事的诗。

①隋树森.古诗十九首集释[M].北京：中华书局，2018.

青青陵上柏

青青陵上柏，磊磊涧中石。
人生天地间，忽如远行客。
斗酒相娱乐，聊厚不为薄。
驱车策驽马，游戏宛与洛。
洛中何郁郁，冠带自相索。
长衢罗夹巷，王侯多第宅。
两宫遥相望，双阙百余尺。
极宴娱心意，戚戚何所迫！

生年不满百

生年不满百，常怀千岁忧。
昼短苦夜长，何不秉烛游？
为乐当及时，何能待来兹。
愚者爱惜费，但为後世嗤。
仙人王子乔，难可与等期。

二、晋公子重耳之亡①

题解：本文选自《左传·僖公二十三年》和《左传·僖公二十四年》中的部分章节。本选文的标题为编者所加。《左传》创作于战国初期，相传是春秋末年鲁国的左丘明为《春秋》做注解的一部史书，与《公羊传》《穀梁传》合称“春秋三传”。《左传》记录历史敢于直书不讳，不虚美、不隐恶。叙事技巧高超，章法严谨，语言简洁而准确，生动刻画了一批不同身份、经历和性格的历史人物，是文学、历史领域的双巨著，对后世影响深远。《晋公子重耳之亡》记载了晋文公重耳出奔、流亡到回国夺取政权的经历，勾画出了春秋列国间错综复杂的矛盾和斗争，揭示了春秋时代诸侯国贵族家庭内部的斗争，真切地刻画了重耳的成长过程。

晋公子重耳之及于难也，晋人伐诸蒲城。蒲城人欲战，重耳不可，曰：“保君父之命而享其生禄，于是乎得人。有人而校，罪莫大焉。吾其奔也。”遂奔狄。从

①左丘明·左传[M].上海:上海古籍出版社, 2015.

者狐偃、赵衰、颠颉、魏武子、司空季子。狄人伐廧咎如，获其二女：叔隗、季隗，纳诸公子。公子取季隗，生伯鯈、叔刘；以叔隗妻赵衰，生盾。将适齐，谓季隗曰："待我二十五年，不来而后嫁。"对曰："我二十五年矣，又如是而嫁，则就木焉。请待子。"处狄十二年而行。

过卫，卫文公不礼焉。出于五鹿，乞食于野人，野人与之块。公子怒，欲鞭之。子犯曰："天赐也！"稽首，受而载之。

及齐，齐桓公妻之，有马二十乘，公子安之。从者以为不可。将行，谋于桑下。蚕妾在其上，以告姜氏。姜氏杀之，而谓公子曰："子有四方之志，其闻之者，吾杀之矣。"公子曰："无之。"姜曰："行也。怀与安，实败名。"公子不可，姜与子犯谋，醉而遣之。醒，以戈逐子犯。

及曹，曹共公闻其骈胁，欲观其裸。浴，薄而观之。僖负羁之妻曰："吾观晋公子之从者，皆足以相国。若以相，夫子必反其国。反其国，必得志于诸侯。得志于诸侯而诛无礼，曹其首也。子盍蚤自贰焉？"乃馈盘飧，寘璧焉。公子受飧反璧。

及宋，宋襄公赠之以马二十乘。

及郑，郑文公亦不礼焉。叔詹谏曰："臣闻天之所启，人弗及也，晋公子有三焉，天其或者将建诸，君其礼焉。男女同姓，其生不蕃。晋公子，姬出也，而至于今，一也。离外之患，而天不靖晋国，殆将启之，二也。有三士足以上人，而从之，三也。晋、郑同侪，其过子弟，固将礼焉，况天之所启乎？"弗听。

及楚，楚子飨之，曰："公子若反晋国，则何以报不穀？"对曰："子女玉帛则君有之，羽毛齿革则君地生焉。其波及晋国者，君之馀也。其何以报君？"曰："虽然，何以报我？"对曰："若以君之灵，得反晋国，晋楚治兵，遇于中原，其辟君三舍。若不获命，其左执鞭弭，右属櫜鞬，以与君周旋。"子玉请杀之。楚子曰："晋公子广而俭，文而有礼。其从者肃而宽，忠而能力。晋侯无亲，外内恶之。吾闻姬姓，唐叔之后，其后衰者也，其将由晋公子乎。天将兴之，谁能废之！违天必有大咎。"乃送诸秦。

秦伯纳女五人，怀嬴与焉，奉匜沃盥，既而挥之。怒曰："秦、晋匹也，何以卑我！"公子惧，降服而囚。他日，公享之。子犯曰："吾不如衰之文也。请使衰从。"公子赋《河水》，公赋《六月》。赵衰曰："重耳拜赐。"公子降拜稽首。公降一级而辞焉。衰曰："君称所以佐天子者命重耳，重耳敢不拜。"

二十四年春，王正月，秦伯纳之。不书，不告入也。及河，子犯以璧授公子曰："臣负羁绁从君巡于天下，臣之罪甚多矣。臣犹知之，而况君乎。请由此亡。"公子曰："所不与舅氏同心者，有如白水！"投其璧于河。济河，围令狐，入桑泉，取臼衰。二月甲午，晋师军于庐柳。秦伯使公子絷如晋师，师退，军于郇。辛丑，狐偃及秦、晋之大夫盟于郇。壬寅，公子入于晋师。丙午，入于曲沃。丁未，朝于武宫。戊申，使杀怀公于高梁。不书，亦不告也。

吕、郤畏偪，将焚公宫而弑晋侯。寺人披请见，公使让之，且辞焉。曰："蒲城之役，君命一宿，女即至。其后余从狄君以田渭滨，女为惠公来求杀余，命女三宿，女中宿至。虽有君命，何其速也。夫祛犹在，女其行乎。"对曰："臣谓君之入也，其知之矣。若犹未也，又将及难。君命无二，古之制也。除君之恶，唯力是视，蒲人、狄人，余何有焉。今君即位，其无蒲、狄乎？齐桓公置射鉤而使管仲相，君若易之，何辱命焉？行者甚众，岂唯刑臣。"公见之，以难告。三月，晋侯潜会秦伯于王城。己丑晦，公宫火。瑕甥、郤芮不获公，乃如河上，秦伯诱而杀之。晋侯逆夫人嬴氏以归。秦伯送卫于晋三千人，实纪纲之仆。

初，晋侯之竖头须，守藏者也。其出也，窃藏以逃，尽用以求纳之。及入，求见，公辞焉以沐。谓仆人曰："沐则心覆，心覆则图反，宜吾不得见也。居者为社稷之守，行者为羁绁之仆，其亦可也，何必罪居者？国君而仇匹夫，惧者甚众矣。"仆人以告，公遽见之。

狄人归季隗于晋而请其二子。文公妻赵衰，生原同、屏括、楼婴。赵姬请逆盾与其母，子馀辞。姬曰："得宠而忘旧，何以使人？必逆之。"固请，许之，来，以盾为才，固请于公以为嫡子，而使其三子下之，以叔隗为内子而己下之。

晋侯赏从亡者，介之推不言禄，禄亦弗及。推曰："献公之子九人，唯君在矣。惠、怀无亲，外内弃之。天未绝晋，必将有主。主晋祀者，非君而谁。天实置之，而二三子以为己力，不亦诬乎？窃人之财，犹谓之盗。况贪之天功，以为己力乎？下义其罪，上赏其奸，上下相蒙，难与处矣！"其母曰："盍亦求之，以死谁怼？"对曰："尤而效之，罪又甚焉！且出怨言，不食其食。"其母曰："亦使知之若何？"对曰："言，身之文也，身将隐，焉用文之？是求显也。"其母曰："能如是乎？与女偕隐。"遂隐而死。晋侯求之，不获，以绵上为之田，曰："以志吾过，且旌善人。"

三、金石录后序[①]

题解：本文作者为李清照（1084—约1155），号易安居士，济南章丘（今山东济南）人。宋代著名词人、婉约派代表人物之一。《金石录后序》是李清照晚期的一篇带有自传性质的散文。写作时正值北宋南宋交替之际，整个社会处于动荡之中。夫赵明诚已亡六载，李清照个人生活几经曲折，夫死改嫁，又遇人

①赵明诚. 金石录校证[M]. 金文明,校证. 上海:上海古籍出版社2017.

不淑。流离之间，与丈夫共同收藏的文物不是失于战火，就是遇贼遇盗，存之不到十之二、三。故李清照回忆往事百感交集，情不自禁。闺阁生活的甜蜜温馨，学术研究的志同道合，文物保存的曲折艰辛，以及物散人亡的悲痛伤悼融于笔下，倾注于行云流水般的文字中，真实地反映了“靖康之变”后的时代动荡与个人生活的困窘。

右《金石录》三十卷者何？赵侯德父所著书也。取上自三代、下迄五季，钟、鼎、甗、鬲、盘、匜、尊、敦之款识，丰碑大碣、显人晦士之事迹，凡见于金石刻者二千卷，皆是正伪谬，去取褒贬。上足以合圣人之道，下足以订史氏之失者，皆载之，可谓多矣。呜呼！自王播、元载之祸，书画与胡椒无异；长舆、元凯之病，钱癖与传癖何殊？名虽不同，其惑一也。

余建中辛巳始归赵氏。时先君作礼部员外郎，丞相作吏部侍郎，侯年二十一，在太学作学生。赵、李族寒，素贫俭。每朔望谒告出，质衣取半千钱，步入相国寺，市碑文果实，归，相对展玩咀嚼，自谓葛天氏之民也。后二年，出仕宦，便有饭疏衣綀，穷遐方绝域，尽天下古文奇字之志。日就月将，渐益堆积。丞相居政府，亲旧或在馆阁，多有亡诗逸史、鲁壁汲冢所未见之书。遂尽力传写，浸觉有味，不能自已。后或见古今名人书画、三代奇器，亦复脱衣市易。尝记崇宁间，有人持徐熙《牡丹图》，求钱二十万。当时虽贵家子弟，求二十万钱，岂易得耶？留信宿计无所出而还之。夫妇相向惋怅者数日。

后屏居乡里十年，仰取俯拾，衣食有馀。连守两郡，竭其俸入，以事铅椠。每获一书，即同共勘校，整集签题。得书画彝鼎，亦摩玩舒卷，指摘疵病，夜尽一烛为率。故能纸札精緻，字画完整，冠诸收书家。余性偶强记，每饭罢，坐归来堂烹茶，指堆积书史，言某事在某书某卷第几页第几行，以中否角胜负，为饮茶先后。中即举杯大笑，至茶倾覆怀中，反不得饮而起。甘心老是乡矣，虽处忧患困穷而志不屈。收书既成，归来堂起书库大橱，簿甲乙，置书册。如要讲读，即请钥上簿关出。卷帙或少损污，必惩责揩完涂改，不复向时之坦夷也。是欲求适意而反取憀慄。余性不耐，始谋食去重肉，衣去重采，首无明珠翡翠之饰，室无涂金刺绣之具。遇书史百家字不刓缺，本不伪谬者，辄市之储作副本。自来家传《周易》《左氏传》，故两家者流文字最备。于是几案罗列，枕席枕藉，意会心谋，目往神授，乐在声色狗马之上。

至靖康丙午岁，侯守淄川，闻金人犯京师，四顾茫然，盈箱溢箧，且恋恋，且怅怅，知其必不为己物矣。建炎丁未春三月，奔太夫人丧南来，既长物不能尽载，乃先去书之重大印本者，又去画之多幅者，又去古器之无款识者，后又去书之监本者、画之平常者、器之重大者。凡屡减去，尚载书十五车。至东海，连舻渡淮，又渡江，至建康。青州故第尚锁书册什物，用屋十余间，期明年春再具舟载之。十二月，金人陷青州，凡所谓十余屋者，已皆为煨烬矣。

建炎戊申秋九月，侯起复知建康府。己酉春三月罢，具舟上芜湖，入姑孰，将卜居赣水上。夏五月，至池阳，被旨知湖州，过阙上殿。遂驻家池阳，独赴召。六月十三日，始负担，舍舟坐岸上，葛衣岸巾，精神如虎，目光烂烂射人，望舟中告别。余意甚恶，呼曰："如传闻城中缓急，奈何?"戟手遥应曰："从众。必不得已，先弃辎重，次衣被，次书册卷轴，次古器；独所谓宗器者，可自负抱，与身俱存亡，勿忘也!"遂驰马去。途中奔驰，冒大暑，感疾，至行在，病痁。七月末，书报卧病。余惊怛，念侯性素急，奈何！病痁或热，必服寒药，疾可忧。遂解舟下，一日夜行三百里。比至，果大服柴胡、黄芩药，疟且痢，病危在膏肓。余悲泣，仓皇不忍问后事。八月十八日，遂不起，取笔作诗，绝笔而终，殊无分香卖屦之意。

葬毕，余无所之。朝廷已分遣六宫，又传江当禁渡。时犹有书二万卷，金石刻二千卷，器皿、茵褥，可待百客，他长物称是。余又大病，仅存喘息。事势日迫，念侯有妹婿任兵部侍郎，从卫在洪州，遂遣二故吏先部送行李往投之。冬十二月，金人陷洪州，遂尽委弃。所谓连舻渡江之书，又散为云烟矣。独余少轻小卷轴书帖，写本李、杜、韩、柳集，《世说》《盐铁论》，汉唐石刻副本数十轴，三代鼎鼐十数事，南唐写本书数箧，偶病中把玩，搬在卧内者，岿然独存。

上江既不可往，又虏势叵测，有弟迒任勅局删定官，遂往依之。到台，台守已遁。之剡，出陆，又弃衣被，走黄岩，雇舟入海，奔行朝，时驻跸章安。从御舟海道之温，又之越。庚戌十二月，放散百官，遂之衢。绍兴辛亥春三月，复赴越。壬子，又赴杭。先侯疾亟时，有张飞卿学士，携玉壶过视侯，便携去，其实珉也。不知何人传道，遂妄言有些"颁金"之语，或传亦有密论列者。余大惶怖，不敢言，亦不敢遂已，尽将家中所有铜器等物，欲赴外庭投进。到越，已移幸四明。不敢留家中，并写本书寄剡，后官军收叛卒，取去，闻尽入故李将军家。所谓岿然独存者，无虑十去五六矣。惟有书画砚墨可五七簏，更不忍置他所，常在卧榻下，手自开阖。在会稽，卜居士民钟氏舍，忽一夕，穴壁负五簏去。余悲恸不得活，重立赏收赎。后二日，邻人钟复皓出十八轴求赏，故知其盗不远矣。万计求之，其馀遂牢不可出，今知尽为吴说运使贱价得之。所谓岿然独存者，乃十去其七八。所有一二残零不成部帙书册，三数种平平书帖，犹复爱惜如护头目，何愚也邪!

今日忽阅此书，如见故人。因忆侯在东莱静治堂，装卷初就，芸签缥带，束十卷作一帙。每日晚吏散，辄校勘二卷，跋题一卷。此二千卷，有题跋者五百二卷耳。今手泽如新，而墓木已拱，悲夫！昔萧绎江陵陷没，不惜国亡而毁裂书画；杨广江都倾覆，不悲身死而复取图书，岂人性之所著，生死不能忘欤？或者天意以余菲薄，不足以享此尤物邪？抑亦死者有知，犹斤斤爱惜，不肯留在人间邪？何得之艰而失之易也！

呜呼，余自少陆机作赋之二年，至过蘧瑗知非之两岁，三十四年之间，忧患得失，何其多也！然有有必有无，有聚必有散，乃理之常。人亡弓，人得之，又胡足道？所以区区记其终始者，亦欲为后世好古博雅者之戒云。绍兴二年玄黓岁壮月朔甲寅，易安室题。

四、九三年(节选)①

题解：本文作者维克多·雨果（Victor Hugo，1802—1885），19世纪法国浪漫主义文学和人道主义的代表作家之一，被人们称为“法兰西的莎士比亚”，代表作有小说《巴黎圣母院》《九三年》和《悲惨世界》等。《九三年》是雨果的最后一部长篇小说，“九三年”指的是法国大革命时期1793年这个充满急风暴雨的年代。小说以保王势力在旺代发动叛乱与平定叛乱的斗争为背景，以三个孩子的命运为线索，描写了共和与保王两党之间那场血与火的惨烈严酷的内战，表现了作者一贯的人道主义思想。

第一章　索德雷树林

一七九三年五月的最后几天，一支军队来到位于阿斯蒂耶的那座令人生畏的索德雷树林。他们是在桑泰尔率领下由巴黎来到布列塔尼地区的几个营中的一个，在残酷的战争中伤亡惨重，现在剩下不到三百人。经过阿尔戈恩、雅马普、瓦尔米战役以后，巴黎志愿军的第一营由原有的六百人减至二十七人，第二营只剩下三十三人，第三营只剩下五十七人。这是惊心动魄的战斗时期。

从巴黎派来旺代地区的军队共九百一十二人。每个营配备有三门大炮。人员是紧急招募的。四月二十五日，在戈耶任司法部长，布肖特任陆军部长的情况下，忠告区提议向旺代地区派志愿军。公社委员吕班提出报告，五月一日，桑泰尔就准备就绪：派出一万两千人，三十门野战炮以及一个炮兵营。这支迅速组成的军队在士兵与下级军官的比例上作了改变，人员配备比较合理，因此至今仍被视作典范。在今天，正规部队的组建也是按照这种模式进行的。

①维克多·雨果.九三年[M].叶尊，译.上海：上海译文出版社，2017.选文经编者改写.

四月二十八日，巴黎公社对桑泰尔的志愿军下了这道命令：“决不宽恕，毫不留情。”到了五月底，从巴黎来的一万两千人中，已死亡八千人。

走进索德雷树林的这一营人十分警惕地观察前后左右，慢慢搜索。克莱贝将军说过：“士兵后背也长眼睛。”他们已经走了很久。现在大概几点钟了？是上午还是下午？难以判断，因为在这些盘根错节的荆棘丛里，永远是黄昏，从来就是阴暗的。

索德雷树林是个悲惨的地方。一七九二年十一月，内战就是在这片树丛中开始它的罪恶的。凶残的瘸子穆斯克东正是从这致命的丛林中出来的。林中发生过大量的谋杀，更令人毛骨悚然。没有比这更可怕的地方了。士兵们小心翼翼地前进。处处是花。周围是颤动的枝条组成的厚墙，从那里飘下绿叶迷人的清香，幽暗的绿色中有着斑驳的阳光。

地上长着菖兰花、鸢尾花、水仙花、报春的小黄花、春天的藏红花，它们是这层厚厚的植物地毯的点缀和花边，地毯上麇集着形形色色的苔藓，从毛虫形直到星形。士兵们轻轻拨开树枝，蹑手蹑脚地一步步走。小鸟在刺刀上方啾鸣。

从前，在和平时期，人们在索德雷树林里玩“乌伊什巴”，就是在黑夜里追逐小鸟，现在人们玩的是追逐人。

丛林里长满了桦树、山毛榉和橡树。地面平坦，人走在苔藓和厚草上悄然无声。没有小道，或者说有几条小道，但很快便消失了。到处是枸骨叶冬春、野黑刺李树、蕨草、芒柄花丛、高高的荆棘。十步之外的人是根本看不见的。

枝条中有时掠过一只苍鹭或黑水鸡，表明附近有沼泽。

士兵在行进，盲目地往前走，忐忑不安，又害怕撞上寻找的对象。

时不时地出现野营的痕迹：地面被火烧过，草被踩平了，还有用木棍搭成的十字架和血迹斑斑的树枝。有人在这里煮过汤，在那里做过弥撒，在另一处包扎过伤员。但是，从这里经过的人已无影无踪。他们现在在哪里？可能很远，也可能近在咫尺，正握着短铳枪藏在树林里。树林似乎荒寂无人，士兵们更加警惕。荒僻引起怀疑，看不见人，就更有理由害怕。这是一片歹徒出没的森林。

这里很可能有陷阱。

三十位精兵在一位中士的率领下远远地走在大部队前面去执行侦察任务。随军的女食贩与他们同行。女贩们乐于随先遣队同行，当然这要冒险，但能开开眼。好奇心是女人勇气的一种表现形式。

这支小小的先遣队突然战栗起来，这是猎人们常有的战栗，它表明快到兽穴了。矮树丛中央仿佛有人在呼吸，树叶仿佛还晃动了几下。士兵们相互示意。

当侦察兵执行警戒和搜索任务时，军官们不需要介入。该做的事自然而然地就做了。

不到一分钟，有动静的地方就被包围了。士兵们举枪对准它，从四面八方瞄准荆棘丛中央那个阴暗的地方，手指扣住扳机，眼睛盯着，只等中士下令就开枪射击了。

这时那位女贩壮着胆子往荆棘里看。中士正要喊“开火”时，女贩却喊道：“停下！”

她转身对士兵说：“别开枪，同志们。”

于是她奔向丛林深处。人们跟着她。

那里确实有人。

在茂林深处有一片小小的林中空地，它呈圆形，是烧树根的木炭窑留下的。在它边上，有一个由树枝形成的房间式洞穴，它半开着，像一个放床的凹室。那里有一个女人，她坐在苔藓上，正给一个婴儿喂奶，膝头上是另外两个满头金发的孩子，他们在熟睡。

这就是陷阱。

“你在这里干什么?”女贩喊道。

女人抬起头。

女贩又愤怒地说：

“你疯了，待在这里！”

接着又说：

“你差一点就没命了！”

她又对士兵们说：

“这是个女人。”

“当然，我们看见了！”一位士兵说。

女贩继续说：

“来林子里送死！怎么干这种蠢事！”

女人吓坏了，惊惶失措，呆若木鸡，像是在做梦。她看看四周，看着那些长枪、马刀、刺刀和凶狠的面孔。

两个孩子醒了，哭叫起来。

“我饿了。”一个孩子说。

“我害怕。”另一个孩子说。

最小的孩子继续吃奶。

女贩对她说：

“你最乖。”

母亲吓得说不出话来。

中士朝她喊道：

“你别怕，我们是红色无檐帽营。”

女人全身颤抖不已。她瞧着中士，那是一张粗糙的脸，只看得见眉毛、髭须和火炭般的两只眼睛。

“就是从前的红十字营。”女贩说。

中士接着问道：

“你是谁，太太？”

女人惊恐万状地打量他。她瘦削、年轻、苍白，衣衫褴褛，戴着布列塔尼农妇粗大的披肩风帽，脖子上系着一床毛毯，像雌性动物一样毫不在意地露出赤裸的乳房。她既没有穿袜子也没有穿鞋，两只脚在流血。

“这是个穷人。”中士说。

女贩用粗声粗气、但仍不失女性温柔的口吻问道：

“你叫什么名字？”

女人喃喃说了几个字，几乎听不清：

“米歇尔弗莱夏。”

这时，女贩用粗大的手抚摸婴儿的小脑袋，问道：

“小家伙多大了？”

母亲没有听懂。女贩又说：

“我问你她多大了？”

“呵！”母亲说，“一岁半。”

“够大了，”女贩说，“她不该再吃奶，应该断奶了。我们给她喝汤。”

母亲开始放心了。睡醒的那两个孩子好奇甚于恐惧，正在欣赏羽饰。

“呵！”母亲说，“他们真饿坏了。”

接着又说：

“我没有奶了。”

“我们会给他们东西吃，”中士大声说，“也给你。不过还有一件事。你是什么政治观点？”

女人瞧着中士，没有回答。

“你听见我的问题了吗？”

女人结结巴巴地说：

“我很年轻就被送进修道院，但我结了婚，我不是修女。修女们教我说法语。村子被人放火烧了，我们急急忙忙逃了出来，我连鞋也来不及穿。”

“我是问你的政治观点。”

“我不知道。”

中士又说：

“现在常有女奸细。女奸细是要枪毙的。来，你说吧，你不是波希米亚人吧。你的祖国在哪里？”

她仍旧瞧着他，仿佛听不懂。中士重复说：

“你的祖国在哪里？”

“我不知道。”她说。

“怎么，你不知道哪里是你的老家？”

“呵，老家，我知道。”

“那好，哪里是你的老家？”

女人回答说：

“西斯夸尼亚庄园，在阿泽教区。”

这回中士吃惊了。他沉思片刻，问道：

“你是说……”

“西斯夸尼亚。”

“那可不是祖国。”

“那是我老家。”

女人想了一下又说：

“我明白了，先生，您是法国人，我是布列塔尼人。”

“那又怎样呢？”

“这不是同一个地方。”

“可这是同一个祖国呀！”中士喊叫了起来。

女人又说：

“我从西斯夸尼亚来。”

“西斯夸尼亚就西斯夸尼亚吧。你家里人是在那里吗？”

“是的。”

“他们做什么？”

“他们全死了。我没有亲人了。”

中士是个爱说话的人，又继续审问：

“见鬼，你总有亲戚吧，至少从前有。你是谁？说话呀。”

女人听着，目瞪口呆，这句“至少从前有”不像是人的语言，而像是动物的吼叫。

女贩感到自己应该介入了。她又抚摸吃奶的孩子的头，用手拍拍另外两个孩子的脸颊。

“吃奶的女孩叫什么名字？”她问道，“这是个女孩吧。”

母亲回答说：“若尔热特。”

“老大呢？这淘气鬼是男孩吧？”

“勒内－让。”

“小的呢，他也是男孩吧，脸颊鼓鼓的。”

“胖阿兰。”母亲说。

“这些孩子多好哇，”女贩说，“都已经像大人了。”

中士继续问：

“你说吧，太太，你有家吗？”

“有过。”

“在哪里？”

“在阿泽。”

“你为什么不待在家里？”

“家被烧掉了。”

“谁干的？”

“不知道。是战争。”

“你从哪里来？”

“从那里。”

“你去哪里？”

“不知道。”

“说正题吧，你是谁？”

“不知道。”

“你不知道你是谁？”

“我们是逃难的人。”

“你是哪一派？”

“不知道。”

“是蓝党还是白党？你和谁站在一起？”

“和我的孩子们。”

沉默。女贩说：

“我没有生过孩子，没有时间生孩子。”

中士又问道：

“那你的父母呢？听我说，太太，告诉我们你父母是什么人。我叫拉杜，我是中士，我是从谢尔什米迪街来的，我父母原先在那里，我可以谈我的父母。你谈谈你的父母吧。他们原先是什么人?”

“他们姓弗莱夏，就这些。”

“是呀，弗莱夏是弗莱夏，拉杜是拉杜，可总有个职业吧。你父母的职业是什么？原先是干什么的？现在干什么？你的这些弗莱夏，他们干些什么呢?”

“他们种地。我父亲是残废，不能做工。他挨过老爷——他的老爷，我们的老爷-——的棍子，这还算老爷开恩，因为父亲偷了一只兔子，这够死罪，老爷发善心，让手下人只打了我父亲一百棍，从那时就落下了残疾。”

“还有呢?”

“我爷爷是胡格诺派，被本堂神甫送去服苦役。那时我很小。”

“还有呢?”

“我公公是私盐贩子，被国王送上了绞架。”

“那你丈夫呢，他是干什么的?”

“那些天里他打仗。”

“为谁打仗?”

“为国王。”

“还有呢?”

“为领主老爷。”

“还有呢?”

“为本堂神甫先生。”

“真是他妈的该死的畜生!”一位士兵大声说。

女人一惊，显得惶惶不安。

“你瞧，太太，我们是巴黎人。”女贩和蔼地说。

女人双手合十高声说：

“天主耶稣基督!”

“不要迷信!”中士说。

女贩在那女人身边坐下，将最大的孩子拉到自己两膝之间，孩子乖乖地顺从了。儿童常常莫名其妙地安然顺从或认生害怕，大概内心里有一种暗示吧。

“我可怜的好心大嫂老乡，你有这么漂亮的孩子，多好哇。我能猜出他们的年龄，老大四岁，弟弟三岁吧。你瞧瞧，吃奶的这小家伙可真贪嘴。呵，小鬼！别这样啃妈妈，好不好？我说，太太，你别怕，你应该加入我们这个营，和我一样干活。我叫乌扎尔德，这是绰号。我喜欢叫乌扎尔德，不喜欢像我母亲一样叫比科尔诺小姐。我是伙食贩。军队相互开火，相互残杀时，给他们酒喝的女人就叫伙食贩，干这行的人可不少。我们两人的脚差不多大，我把鞋给你。八月十日我在巴黎，给过韦斯特曼酒喝，一切顺利。我看见路易十六上断头台，就是人们称作的路易·卡佩。他不愿意。你听听看，就在一月十三日，他还烧栗子吃，和家里人笑笑闹闹哩。后来他也不得不在我们称作的“摇板”上躺下，没穿礼服，没穿鞋，只穿着衬衫、凸纹布外衣、灰呢短裤和灰色丝袜。这些我可是亲眼见过。运他来的马车涂的是绿漆。我看你就来我们这里吧，这个营里都是好小伙子。你来当第二号伙食贩，我教你怎么干，呵，简单得很。你带上桶和铃铛，走到闹哄哄的、枪弹炮弹飞来飞去的地方，你大声喊：‘孩子们，谁要喝一口？’这是再简单不过的了。我呀，无论是谁，我都给酒喝，给白军，也给蓝军，我是蓝军，是忠诚的蓝军，但我的酒是给所有人的。伤员们总是口渴。人死是不分观点的。人们死时应该相互握手。打仗真是件蠢事！你来我们这里吧。我要是被打死了，你就接我的班。你瞧，我就是这个脾气，但我既是好心的女人又是正直的男人。你不要害怕。”

女酒贩停住了，那女人喃喃说：

“我们原先的邻居叫玛丽·让娜，仆人叫玛丽·克洛德。”

此刻，拉杜中士正在训斥那个士兵：

“闭嘴，你吓坏了这位太太。在女人面前不该说粗话。”

“对有教养的人来说这也是不折不扣的屠杀呀。”士兵反驳说，“这些人可真是奇怪，岳父被领主打残废了，爷爷被神甫发配服苦役，父亲被国王吊死了，可他们还打仗，真他妈的，还不造反，还为领主、神甫、国王卖命！”

中士喝道：

“在队伍里不许说话！”

“不说话，中士。”士兵又说，“可是，这样漂亮的女人为了教士去送死，这总说不过去吧。”

“士兵，”中士说，“我们这里可不是梭枪俱乐部。别耍嘴皮子。”

接着他转身问那个女人：

“你丈夫呢，太太？他在干什么？他现在怎么样？”

“没了。被杀死了。”

“在哪里？”

“在树篱那边。”

“什么时候？”

“三天以前。”

“是谁干的？”

“不知道。”

“怎么，你不知道是谁杀死了你丈夫?”

“不知道。”

“是蓝军？是白军?”

“是一颗子弹。”

“三天以前?”

“是的。”

“在哪个方向?”

“靠埃尔内。我丈夫倒下了，就是这样。”

“他死了以后，你干什么呢?”

“领着孩子逃走。”

“去哪里?”

“往前走呗。”

“在哪里过夜?”

“地上。”

“吃什么呢?”

“不吃东西。”

中士以军人的方式撅起嘴，髭须碰到了鼻子。

“不吃东西?”

“在荆棘里找去年剩下的黑利李和桑果，还有越桔种子、蕨草的嫩枝。”

“好嘛，等于什么也没有吃。”

最大的孩子仿佛听懂了，说：“我饿。”

中士从衣袋里掏出一块配给面包，递给母亲。母亲将它掰成两半给了孩子们。两个小家伙贪婪地啃起来。

“她自己一口也不吃。”中士咕哝说。

“因为她不饿。”一位士兵说。

“因为她是母亲。”中士说。

孩子们停了下来。

“我渴。”一个孩子说。

“我渴。”另一个孩子也说。

“这个鬼树林里没有小溪吗?”中士问。

女酒贩从腰带上摘下那只和小铃铛挂在一起的铜杯，旋开斜背在身上的木桶的开关，往杯里倒了几滴酒，将杯子凑近孩子们的嘴唇。

第一个孩子喝了，做了个鬼脸。

第二个孩子喝了，吐了出来。

“这可是好喝的东西。”女贩说。

“是烈烧酒?”中士问道。

“对，上等酒，可他们是乡下人。”

接着，她擦擦杯子。

中士又问：

“你就这样逃命吗，太太?”

“只能这样呗。”

“穿过田野，好像有人跟在后面?”

“我拼命跑，然后走，然后倒下来。”

“可怜的教民!”女贩说。

“人们在打仗，”女人结结巴巴地说，“周围都是枪弹。我不知道他们要干什么。我丈夫被打死了，我只明白这一点。”

中士用枪托敲着地，大声说：

“愚蠢的战争！真他妈的!”

女人接着说：

“昨天夜里，我们在一棵埃穆斯里睡的觉。”

“四个人?”

“四个人。”

“睡觉?”

“睡觉。”

“那是站着睡觉了。”中士说，接着又转身对士兵们说，“同志们，这里有一种枯死的空心树，里面只容得下一个笔直站立的男人。这些乡下人管这树叫埃穆斯。有什么办法呢？他们不可能是巴黎人呀。”

“在树洞里睡觉!”女贩说，“还带着三个孩子!”

“要是孩子叫喊起来，过路的人只听见树在喊：‘爸爸，妈妈’，可什么也看不见，那可真古怪。”中士说。

“幸好现在是夏天。”女人叹息说。

她看着地面，一副无可奈何的神气，目光中流露出对灾难的困惑。

士兵们默默无语，在苦难的女人四周围成一圈。

一个寡妇，三个孤儿，逃亡，遗弃，孤独，四面八方轰响的战火，饥饿，干渴，以草根为食，以天空为屋顶。

中士走近女人，瞧着吃奶的婴儿。婴儿放开了奶头，轻轻转过头，用漂亮的蓝眼睛瞧着向她俯身的那张野兽般毛茸茸的、令人害怕的脸，微笑了起来。

中士直起身来，一颗大泪珠在脸颊上滚下，停在髭须尽端，像一粒珍珠。

他提高声音说：

“同志们，由于这一切，我决定咱们营收养这些孩子。同意吗？咱们收养这三个孩子。”

“共和国万岁！”士兵们高呼。

“好，一言为定。”中士说。

于是他将两手伸到母亲和孩子的头部上方：

“这就是红色无檐帽营的孩子们。”

女贩兴奋得跳了起来，喊着说：

“一顶帽子下的三个脑袋。”

接着她又大哭起来，狂热地亲吻那可怜的寡妇，说道：

“这小家伙看上去已经很淘气了。”

“共和国万岁！”士兵们再次喊道。

中士对那位母亲说：

“来吧，女公民。”

单元思考题

1. 通读阅读本单元的作品，谈谈你对时代洪流与个体命运关系的认识。

2. 作为新时代的青年，你希望如何书写自己的历史。

3. 请你对自己的父母或其他长辈做一次口述访谈，了解他们的人生道路和选择，再谈谈你的感想。

第四单元　说不尽的情与爱

导语

在进入情感话题之前，我们须解决一个问题：人是什么？十八世纪德国古典哲学家康德将人是什么这一问题，分解为三个问题，即我能知道什么？我可以希望什么？我应该做什么？这三个问题对应于人的三种认识心理功能：知、情、意，并对应于人类的三种主要价值：真、美、善。他的《纯粹理性批判》《实践理性批判》《判断力批判》分别就是对真、善、美问题的探讨。本单元“说不尽的情与爱”将以文学的方式带领我们进入最纯粹与最无私的爱的领域和情感的领域。

选文

一、子衿[①]

题解： 本诗选自《诗经》。《诗经》在先秦时代只被称作《诗》，“经”是汉儒加上去的。从目录学上来说，称《诗》为经，始于《汉书·艺文志》。《诗经》是我国第一部诗歌总集。这些诗歌产生的时代，上自西周初年（公元前11世纪），下至春秋中期（公元前6世纪），历时五百多年。《诗经》内容上分风、雅、颂三部分，“风”包括十五国风；“雅”分《大雅》和《小雅》；“颂”分《周颂》《鲁颂》和《商颂》。《子衿》是“风”中的一首诗。现代学者一般认为这是一首情歌，表达了歌者对恋人的相思缠绵之意。

青青子衿，悠悠我心。
纵我不往，子宁不嗣音？
青青子佩，悠悠我思。
纵我不往，子宁不来？

①朱熹. 诗经[M]. 上海：上海古籍出版社, 2013.

挑兮达兮，在城阙兮。
一日不见，如三月兮。

二、别薛华[①]

题解： 本诗作者王勃（650—676），字子安，绛州龙门（今山西河津）人。初唐时期重要诗人之一。其诗作长于抒情，语言华丽，在句型和押韵上灵活多变，具有婉转动听的音乐性，对初唐七言歌行的发展做出了重要贡献。王勃擅作送别题材的诗，如《送杜少甫之任蜀川》《秋江送别二首》等，《别薛华》便是其中一首名诗。诗歌在山水景物的描写中，蕴含着深刻的感情，可以说是文学史上最动人的赠别诗之一。

送送多穷路，遑遑独问津。
悲凉千里道，凄断百年身。
心事同漂泊，生涯共苦辛。
无论去与住，俱是梦中人。

三、钗头凤·红酥手[②]

题解： 本词作者陆游（1125—1210），字务观，越州山阴（今浙江绍兴）人，南宋文学家、史学家、诗人。他和表妹唐琬自小青梅竹马，后结为夫妻，两人琴瑟相合，情深意重。却因母命，被迫分离。后唐琬改嫁赵士程，陆游再娶王氏。十余年后的一天，他们春游沈园，偶然相遇。回忆往事，陆游无限悲戚，唐琬亦感慨不已。正当陆游黯然无语，暗自伤神之际，唐琬送来酒肴，款待陆游，陆游不禁百感交集，遂提笔在沈园园壁上写下这首《钗头凤》。

红酥手，黄縢酒，满城春色宫墙柳。东风恶，欢情薄，一怀愁绪，几年离索，错、错、错。

春如旧，人空瘦，泪痕红浥鲛绡透。桃花落，闲池阁，山盟虽在，锦书难托，莫、莫、莫。

①彭定求．全唐诗[M]．上海：上海古籍出版社，1986.

②胡云翼．宋词选[M]．北京：中华书局，2011.

四、蝶恋花·槛菊愁烟兰泣露[1]

题解： 本词作者晏殊（991—1055），字同叔，抚州临川（今江西抚州）人，北宋著名婉约派词人。与儿子晏几道一同被称为"大晏""小晏"，与欧阳修并称"晏欧"。王国维《人间词话》云："古今之成大事业、大学问者，必经过三种之境界：'昨夜西风凋碧树。独上高楼，望尽天涯路'，此第一境也。'衣带渐宽终不悔，为伊消得人憔悴'，此第二境也。'众里寻他千百度，蓦然回首，那人却在，灯火阑珊处'，此第三境也。" 其中第一境"昨夜西风凋碧树。独上高楼，望尽天涯路"就出自晏殊这首词。

槛菊愁烟兰泣露，罗幕轻寒，燕子双飞去。明月不谙离恨苦，斜光到晓穿朱户。

昨夜西风凋碧树，独上高楼，望尽天涯路。欲寄彩笺兼尺素，山长水阔知何处。

五、白象似的群山[2]

题解： 本文作者海明威（Ernest Hemingway，1899—1961），美国小说家，以"文坛硬汉"著称。他于1954年获诺贝尔文学奖，代表作有《太阳照常升起》《永别了，武器》《丧钟为谁而鸣》《老人与海》等。海明威的"冰山"理论是现代叙事艺术的典型体现。他以"冰山"为喻，认为作者只应描写"冰山"露出水面的部分，水下的部分应该通过文本的提示让读者去想象补充。本文是反映两性关系这一主题的经典之作。小说在叙述上，采用了"展示"的话语方式，即叙事者不露面、不参与，简洁到几乎只有对话。全文不过四千余字，却生动体现了男女之间微妙、复杂的关系，简约而丰富，完美展示出作者的"冰山风格"。

埃布罗河河谷的那一边，白色的山冈起伏连绵。这一边，白地一片，没有树木，车站在阳光下两条铁路线中间。紧靠着车站的一边，是一幢笼罩在闷热的阴影中的房屋，一串串竹珠子编成的门帘挂在酒吧间敞开着的门口挡苍蝇。那个美国人

①唐圭璋. 全宋词[M]. 北京：中华书局，2011.

②欧内斯特·海明威. 海明威短篇小说全集[M]. 陈良廷，蔡慧，等译. 上海：上海译文出版社，2019.

和那个跟他一道的姑娘坐在那幢房屋外面阴凉处的一张桌子旁边。天气非常热，巴塞罗那来的快车还有四十分钟才能到站。列车在这个中转站停靠两分钟，然后继续行驶，开往马德里。

“咱们喝点什么呢?”姑娘问。她已经脱掉帽子，把它放在桌子上。

“天热得很，”男人说。

“咱们喝啤酒吧。”

“Dos cervezas，[①]”男人对着门帘里面说。

“大杯的?”一个女人在门口问。

“对。两大杯。”

那女人端来两大杯啤酒和两只毡杯垫。她把杯垫和啤酒杯一一放在桌子上。看看那男的，又看看那姑娘。姑娘正在眺望远处群山的轮廓。山在阳光下是白色的，而乡野则是灰褐色的，干巴巴的一片。

“它们看上去像一群白象，”她说。

“我从来没有见过象，”男人把啤酒一饮而尽。

“你是不会见过。”

“我也许见到过的，”男人说。“光凭你说我不会见过，并不说明什么问题。”

姑娘看看珠帘子。“他们在上面画了东西的，”她说，“那上面写的什么?”

“Anis del Toro，[②]是一种饮料。”

“咱们能尝尝吗?”

男人朝着珠帘子喊了一声“喂”。那女人从酒吧间走了出来。

“一共是4雷阿尔。”

“给我们再来两杯Anis del Toro”

“掺水吗?”

“你要掺水吗?”

“我不知道，”姑娘说，“掺了水好喝吗?”

“好喝。”

“你们要掺水吗?”女人问。

“好，掺水。”

“这酒甜丝丝的就像甘草，”姑娘说，一边放下酒杯。

“样样东西都是如此。”

“是的，”姑娘说，“样样东西都甜丝丝的像甘草。特别是一个人盼望了好久的

①西班牙语，意为“两杯啤酒”。

② 西班牙语，意为“公牛茴香酒”。

那些东西，简直就像艾酒一样。”

“喔，别说了。”

“是你先说起来的，”姑娘说，“我刚才倒觉得挺有趣。我刚才挺开心。”

“好吧，咱们就想法开心开心吧。”

“行啊。我刚才就在想法这样做。我说这些山看上去像一群白象。这比喻难道不妙?”

“妙。”

“我还提出尝尝这种没喝过的饮料。咱们不就做了这么点儿事吗——看看风景，尝尝没喝过的饮料?”

“我想是的。”

姑娘又眺望远处的群山。

“这些山美极了，”她说，“看上去并不真像一群白象。我刚才只是说，透过树木看去，山表面的颜色是白的。”

“咱们要不要再喝一杯?”

“行。”

热风把珠帘吹得拂到了桌子。

“这啤酒凉丝丝的，味儿挺不错。”男人说。

“味道好极了。”姑娘说。

“那实在是一种非常简便的手术，吉格，”男人说，“甚至算不上一个手术。”

姑娘注视着桌腿下的地面。

“我知道你不会在乎的，吉格。真的没有什么大不了。只要用空气一吸就行了。”

姑娘没有作声。

“我陪你去，而且一直待在你身边。他们只要注入空气，然后就一切都正常了。”

“那以后咱们怎么办?”

“以后咱们就好了，就像从前那样。”

“你怎么会这么想呢?”

“因为使我们烦心的就只有眼下这一件事儿，使我们一直不开心的就只有这一件事儿。”

姑娘看着珠帘子，伸手抓起两串珠子。

“那你以为咱们今后就可以开开心心地再没有什么烦恼事了。”

“我知道咱们会幸福的。你不必害怕。我认识许多人，都做过这种手术。”

“我也认识许多人做过这种手术，”姑娘说，“手术以后他们都照样过得很开心。”

“好吧，”男人说，“如果你不想做，你不必勉强。如果你不想做的话，我不会勉强你。不过我知道这种手术是很便当的。”

“你真的希望我做吗?”

“我以为这是最妥善的办法。但如果你本人不是真心想做，我也绝不勉强。”

“如果我去做了，你会高兴，事情又会像从前那样，你会爱我——是吗?”

“我现在就爱着你。你也知道我爱你。”

“我知道。但是如果我去做了，那么倘使我说某某东西像一群白象，就又会和和顺顺的，你又会喜欢了?”

“我会非常喜欢的。其实我现在就喜欢听你这么说，只是心思集中不到那上面去。心烦的时候，我会变成什么样子，你是知道的。”

“如果我去做手术，你就再不会心烦了?”

“我不会为这事儿烦心的，因为手术非常便当。”

“那我就决定去做。因为我对自己毫不在乎。”

“你这话什么意思?”

“我对自己毫不在乎。”

“不过，我可在乎。”

“啊，是的。但我对自己却毫不在乎。我要去做手术，完了以后就会万事如意了。”

“如果你是这么想的，我可不愿让你去做手术。”

姑娘站起身来，走到车站的尽头。铁路对面，在那一边，埃布罗河两岸是粮田和树木。远处，在河的那一边，便是起伏的山峦。一片云影掠过粮田；透过树木，她看到了大河。

“我们本来可以尽情欣赏这一切，”她说，“我们本来可以舒舒服服享受生活中的一切，但一天又一天过去，我们越来越不可能过上舒心的日子了。”

“你说什么?”

“我说我们本来可以舒舒服服享受生活中的一切。”

“我们能够做到这一点的。”

“不，我们不能。”

“我们可以拥有整个世界。”

“不，我们不能。”

“我们可以到处去逛逛。”

“不，我们不能。这世界已经不再是我们的了。”

“是我们的。”

“不，不是。一旦他们把它拿走，你便永远失去它了。”

“但他们还没有把它拿走呵。”

“咱们等着瞧吧。”

“回到阴凉处来吧，”他说，“你不应该有那种想法。”

“我什么想法也没有，”姑娘说，“我只知道事实。”

“我不希望你去做任何你不想做的事。”

“或者对我不利的事，”她说，“我知道。咱们再来杯啤酒好吗？”

“好的。但你必须明白——”

“我明白，”姑娘说，“咱们别再谈了好不好？”

他们在桌边坐下。姑娘望着对面干涸的河谷和群山，男人则看着姑娘和桌子。

“你必须明白，”他说，“如果你不想做手术，我并不硬要你去做。我心甘情愿承受到底，如果这对你很重要的话。”

“难道这对你不重要吗？咱们总可以对付着过下去吧。”

“对我当然也重要。但我什么人都不要，只要你一个。随便什么别的人我都不要。再说，我知道手术是非常便当的。”

“你当然知道它是非常便当的。”

“随你怎么说好了，但我的的确确知道就是这么回事。”

“你现在能为我做点事儿么？”

“我可以为你做任何事情。”

“那就请你，请你，求你，求你，求求你，求求你，千万求求你，不要再讲了，好吗？”

他没吭声，只是望着车站那边靠墙堆着的旅行包。包上贴着他们曾过夜的所有旅馆的标签。

“但我并不希望你去做手术，”他说，“做不做对我完全一样。”

“你再说我可要尖声叫了。”

那女人端着两杯啤酒撩开珠帘走了出来，把酒放在湿漉漉的杯垫上。“火车五分钟内到站。”她说。

“她说什么？”姑娘问。

“她说火车五分钟内到站。”

姑娘对那女人愉快地一笑，表示感谢。

“我还是去把旅行包放到车站那边去吧。”男人说。姑娘对他笑笑。

“行。放好了马上回来，咱们一起把啤酒喝光。”

他拎起两只沉重的旅行包，绕过车站把它们送到另一条路轨处。他顺着铁轨朝火车开来的方向望去，但是看不见火车。他走回来的时候，穿过酒吧间，看见候车的人们都在喝酒。他在柜台上喝了一杯茴香酒，同时打量着周围的人。他们都在宁安毋躁地等候着列车到来。他撩开珠帘子走了出来。她正坐在桌子旁边，对他投来一个微笑。

“你觉得好些了吗？”他问。

“我觉得好极了，”她说，“我又没有什么毛病喽。我觉得好极了。”

单元思考题

1. 人类的情感可分为亲情、友情、爱情三种。请结合本单元的阅读和自己的人生体验，用一个词或一句话给爱下一个定义并稍作解释，要求形象生动，见解独到。

2. 除了以上涉及的诗文，你还看过哪些著名的爱情篇章、段落与文句？

第五单元　浮沉的民间与乡土

导语

“乡土性”是传统中国的基本特性。中国的乡土社会是一个富于地方性的“熟人”社会，人与人之间的关系被习俗和血缘重重缠绕着。这一特性自有其光荣的历史，也有其与现代社会格格不入的束缚。在古典文学的世界里，乡土往往意味着中国人安土重迁的观念和绵绵无尽书的乡愁。随着“五四”新文学的诞生，在鲁迅、萧红、鲁彦、赵树理等作家的笔下，乡土逐渐成为一个寄寓复杂文化反思与情感抒发之所在。他们将乡间的死生和泥土的气息移到纸上，铸就了一个个充满地方性的乡土世界。

选文

一、晚登三山还望京邑①

题解：本诗作者谢朓（464—499），字玄晖，陈郡阳夏（今河南太康）人，南朝杰出的山水诗人。他出身高门士族，与“大谢”谢灵运同族，世称“小谢”。谢朓诗风清新隽丽，用字讲究且细腻，将描写景物与抒发情感自然地相结合。其开创的诗风，极大影响了唐代诗人。《晚登三山还望京邑》写出了登山临江远眺由此而发的思乡之情，景物描写颇具情调，表达空灵，渲染了诗人对故乡的热爱。

灞涘望长安，河阳视京县。
白日丽飞甍，参差皆可见。
余霞散成绮，澄江静如练。
喧鸟覆春洲，杂英满芳甸。

①曹融南,谢朓集校注[M]. 北京:中华书局,2019.

去矣方滞淫，怀哉罢欢宴。
佳期怅何许，泪下如流霰。
有情知望乡，谁能鬒不变？

二、野老歌[①]

题解：本诗作者张籍（约766–约830），字文昌，和州乌江（今安徽和县）人。中唐时期著名的乐府诗人。其乐府诗成就极高，善用素描手法，对晚唐五律影响甚大。代表作有《秋思》《节妇吟》《野老歌》等。本诗以鲜明的对比手法描写了老农的辛苦劳作却不得食的悲惨命运。诗句简短，语言平易，读来至为沉痛，字字饱含血泪。

老翁家贫在山住，耕种山田三四亩。
苗疏税多不得食，输入官仓化为土。
岁暮锄犁傍空室，呼儿登山收橡实。
西江贾客珠百斛，船中养犬长食肉。

三、长相思·山一程[②]

题解：本词作者纳兰性德（1655–1685），原名成德，字容若。满族人，隶属正黄旗。他以词而垂名于史，在清代词坛和整个词史中占有重要地位。有人尊他为清初第一词人。王国维甚至称赞他为“北宋以来，一人而已”（《人间词话》）。纳兰词清新流畅，格调高远，同时又像民歌一样通俗易懂。本词抒写了词人羁旅关外，思念故乡的情怀。

山一程，水一程。身向榆关那畔行，夜深千帐灯。
风一更，雪一更。聒碎乡心梦不成，故园无此声。

---

①彭定求. 全唐诗[M]. 上海：上海古籍出版社，1986.
②纳兰性德. 纳兰性德词集[M]. 上海：上海古籍出版社，2016.

四、“锻炼锻炼”[①]

题解： 本文作者赵树理（1906—1970），原名赵树礼，山西沁水人。中国现代小说家，代表作有《小二黑结婚》《李有才板话》《李家庄的变迁》《“锻炼锻炼”》等。其作品大量描写晋东南独特的区域民俗事象，语言生动活泼，具有新鲜的民族形式，为读者展现了一副精彩绝伦的农村画卷。本文写于1958年，正值“大跃进”时期。作者用现实主义方法反映农村社会的变迁和存在其间的矛盾斗争，塑造了各式各样的农民形象，达到了生活真实与艺术真实的高度统一。

“争先”农业社，地多劳力少，
动员女劳力，作得不够好：
有些妇女们，光想讨点巧，
只要没便宜，请也请不到——
有说小腿疼，床也下不了，
要留儿媳妇，给她送屎尿；
有说四百二，她还吃不饱，
男人上了地，她却吃面条。
她们一上地，定是工分巧，
做完便宜活，老病就犯了；
割麦请不动，拾麦起得早，
敢偷又敢抢，纪律全不要；
开会常不到，也不上民校，
提起正经事，啥也不知道，
谁给提意见，马上跟谁闹，
没理占三分，吵得天塌了。
这些老毛病，赶紧得改造，
快请识字人，念念大字报！
——杨小四写

这是一九五七年秋末“争先农业社”整风时候出的一张大字报。在一个吃午饭

① 洪子诚, 中国当代文学史作品选[M]. 北京: 北京大学出版社, 2008. 为了保留作品的地方特色，此选文中的方言语词、标点符号等均参照原版。

的时间，大家正端着碗到社办公室门外的墙上看大字报，杨小四就趁这个热闹时候把自己写的这张快板大字报贴出来，引得大家丢下别的不看，先抢着来看他这一张，看着看着就轰隆轰隆笑起来。倒不因为杨小四是副主任，也不是因为他编得顺溜写得整齐才引得大家这样注意，最引人注意的是他批评的两个主要对象是“争先社”的两个有名人物——一个外号叫“小腿疼”，那一个外号叫“吃不饱”。

“小腿疼”是五十来岁一个老太婆，家里有一个儿子、一个儿媳还有个小孙孙。本来她瞧着孙孙做做饭媳妇是可以上地的，可是她不，她一定要让媳妇照她当日伺候婆婆那个样子伺候她——给她打洗脸水、送尿盆、扫地、抹灰尘、做饭、端饭……不过要是地里有点便宜活的话也不放过机会。例如夏天拾麦子，在麦子没有割完的时候她可去，一到割完了她就不去了。按她的说法是“拾东西全凭偷，光凭拾能有多大出息”。后来社里发现了这个秘密，又规定拾的麦子归社，按斤给她记工她就不干了。又如摘棉花，在棉桃盛开每天摘的能超过定额一倍的时候她也能出动好几天，不用说刚能做到定额她不去，就是只超过定额三分她也不去。她的小腿上，在年轻时候生过臁疮，不过早在二十多年前就治好了。在生疮的时候，她的丈夫伺候她；在治好之后，为了容易使唤丈夫，她说她留下了个腿疼根。“疼”是只有自己才能感觉到的。她说“疼”，别人也无法证明真假，不过她这“疼”疼得有点特别：高兴时候不疼，不高兴了就疼；逛会、看戏、游门、串户时候不疼，一做活儿就疼；她的丈夫死后儿子还小的时候有好几年没有疼，一给孩子娶过媳妇就又疼起来；入社以后是活儿能大量超过定额时候不疼，超不过定额或者超过的少了就又要疼。乡里的医务站办得虽说还不错，可是对这种腿疼还是没有办法的。

“吃不饱”原名“李宝珠”，比“小腿疼”年轻得多——才三十来岁，论人材在“争先社”是数一数二的，可惜她这个优越条件，变成了她自己一个很大的包袱。她的丈夫叫张信，和她也算是自由结婚。张信这个人，生得也聪明伶俐，只是没有志气，在恋爱期间李宝珠跟他提出的条件，明明白白就说是结婚以后不上地劳动，这条件在解放后的农村是没有人能答应的，可是他答应了。在李宝珠看来，她这位丈夫也不能算最满意的人，只能说是“比上不足比下有余”——因为不是干部——所以只把他作为个“过渡时期”的丈夫，等什么时候找下了最理想的人再和他离婚。在结婚以后，李宝珠有一个时期还在给她写大字报这位副主任杨小四身上打过主意，后来打听着她自己那个吃不饱的外号原来就是杨小四给她起的，这才打消了这个念头。她既然只把张信当成她“过渡时期”的丈夫，自然就不能完全按“自己人”来对待他，因此她安排了一套对待张信的“政策”。她这套政策：第一是要掌握经济全权，在社里张信名下的账要朝她算，家里一切开支要由她安排，张信有什么额外收入全部交她，到花钱时候再由她批准、支付。第二是除做饭和针线活以外的一切劳动——包括担水、和煤、上碾、上磨、扫地、送灰渣一切杂事在内——都要由张信负担。第三是吃饭穿衣的标准要由她规定——在吃饭方面她自己是想吃什么就做什么，对张信她做什么张信吃什么；同样，在穿衣方面，她自己是想穿什么买什么，对张信自然又是她买什么张信穿什么。她这一套政策是她暗自规定暗自执行的，全面执行之后，张信完全变成了她的长工。自从实行粮食统购以来，她是时常喊叫吃不饱的。她的吃法是张信上了地她先把面条煮得吃了，再把汤里下几颗米熬两碗糊糊粥让张信回来吃，另外还做些火烧干饼锁在箱里，张信不在的时候几时想吃几时吃。队里动员她参加劳动时候，她却说“粮食不够吃，每顿只能等张信吃完了刮个空锅，实在劳动不了”。时常做假的人，没有不露马脚的。张信常发现床铺上有干饼星星（碎屑），也不断见着糊糊粥里有一两根没有捞尽的面条，只是因为一提就得生气，一生气她就先提“离婚”，所以不敢提，就那样睁只眼合只眼吃点亏忍忍饥算了。有一次张信端着碗在门外和大家一齐吃饭，第三队（他所属的队）的队长张太和发现他碗里有一根面条。这位队长是个比较爱说调皮话的青年。他问张信说：“吃不饱大嫂在哪里学会这单做一根面条的本事哩？”从这以后，每逢张信端着糊糊粥到门外来吃的时候，爱和他开玩笑的人常好夺过他的筷子来在他碗里找面条，碰巧的是时常不落空，总能找到那么一星半点。张太和有一次跟他说：“我看‘吃不饱’这个外号给你加上还比较正确，因为你只能吃一根面条。”在参加生产方面，吃不饱和小腿疼的态度完全一样。她既掌握着经济全权，就想利用这种时机为她的“过渡”以后多弄一点积蓄，因此在生产上一有了取巧的机会她就参加，绝不受她自己所定的政策第二条的约束；当便宜活做完了她就仍然喊她的“吃不饱不能参加劳动”。

杨小四的快板大字报贴出来一小会，吃不饱听见社房门口起了哄，就跑出来打听——她这几天心里一直跳，生怕有人给她贴大字报。张太和见她来了，就想给她当个义务读报员。张太和说：“大家不要起哄，我来给大家从头念一遍！”大家看见吃不饱走过来，已经猜着了张太和的意思，就都静下来听张太和的。张太和说快板是很有工夫的。他用手打起拍子有时候还带着表演，跟流水一样马上把这段快板说了一遍，只说得人人鼓掌、个个叫好。吃不饱就在大家鼓掌鼓得起劲的时候，悄悄溜走了。

不过吃不饱可没有回家，她马上到小腿疼家里去了。她和小腿疼也不算太相好，只是有时候想借重一下小腿疼的硬牌子。小腿疼比她年纪大、闯荡得早，又是正主任王聚海、支书王镇海、第一队队长王盈海的本家嫂子，有理没理常常敢到社房去闹，所以比吃不饱的牌子硬。吃不饱听张太和念过大字报，气得直哆嗦，本想马上在当场骂起来，可是看见人那么多，又没有一个是会给自己说话的，所以没有敢张口就悄悄溜到小腿疼家里。她一进门就说："大婶呀！有人贴着黑贴子骂咱们哩！"小腿疼听说有人敢骂她好像还是第一次。她好像不相信地问："你听谁说的？""谁说的？多少人都在社房门口吵了半天了，还用听谁说？""谁写的？""杨小四那个小死材！""他这小死材都写了些什么？""写的多着哩：说你装腿疼，留下儿媳妇给你送屎尿；说你偷麦子；说你没理占三分，光跟人吵架……"她又加油加醋添了些大字报上没有写上去的话，一顿把个小腿疼说得腿也不疼了，挺挺挺挺就跑到社房里去找杨小四。

这时候，主任王聚海、副主任杨小四、支书王镇海三个人都正端着碗开碰头会，研究整风与当前生产怎样配合的问题，小腿疼一跑进去就把这个小会给他们搅乱了。在门外看大字报的人们，见小腿疼的来头有点不平常，也有些人跟进去看。小腿疼一进门一句话也没有说，就伸开两条胳膊去扑杨小四，杨小四从座上跳起来闪过一边，主任王聚海趁势把小腿疼拦住。杨小四料定是大字报引起来的事，就向小腿疼说："你是不是想打架？政府有规定，不准打架。打架是犯法的。不怕罚款、不怕坐牢你就打吧！只要你敢打一下，我就把你请得到法院！"又向王聚海说："不要拦她！放开叫她打吧！"小腿疼一听说要出罚款要坐牢，手就软下来，不过嘴还不软。她说："我不是要打你！我是要问问你政府规定过叫你骂人没有？""我什么时候骂过你？""白纸黑字贴在墙上你还昧得了？"王聚海说："这老嫂！人家提你的名来没有？"小腿疼马上顶回来说："只要不提名就该骂是不是？要可以骂我可就天天骂哩！"杨小四说："问题不在提名不提名，要说清楚的是骂你来没有！我写的有哪一句不实，就算我是骂你！你举出来！我写的是有个缺点，那就是不该没有提你们的名字。我本来提着的，主任建议叫我去了。你要嫌我写的不全，我给你把名字加上好了！""你还嫌骂得不痛快呀？加吧！你又是副主任，你又会写，还有我这不识字的老百姓活的哩？"支书王镇海站起来说："老嫂，你是说理不说理？要说理，等到辩论会上找个人把大字报一句一句念给你听，你认为哪里写得不对许你驳他！不能这样满脑一把抓来派人家的不是！谁不叫你活了？""你们都是官官相卫，我跟你们说什么理？我要骂！谁给我出大字报叫他死绝了根！叫狼吃得他不剩个血盘儿，叫……"支书认真地说："大字报是毛主席叫贴的！你实在要不说理要这样发疯，这么大个社也不是没有办法治你！"回头向大家说："来两个人把她送乡政府！"看的人们早有几个人忍不住了，听支书一说，马上跳出五六个人来把她围上，其中有两个人拉住她两条胳膊就要走。这时候，主任王聚海却拦住说："等一等！这么一点事哪里值得去麻烦乡政府一趟？"大家早就想让小腿疼去受点教训，见王聚海一拦，都觉得泄气，不过他是主任，也只好听他的。小腿疼见真要送她走，已经有点胆怯，后来经主任这么一拦就放了心。她定了定神，看到局势稳定了，就强鼓着气说了几句似乎是光荣退兵的话："不要拦他们！让他们送吧！看乡政府能不能拔了我的舌头！"王聚海认为已经到了收场的时候，就拉长了调子向小腿疼说："老嫂！你且回去吧！没有到不了底的事！我们现在要布置明天的生产工作，等过两天再给你们解释解释！""什么解释解释？一定得说个过来过去！""好好好！就说个过来过去！"杨小四说："主任你的话是怎么说着的？人家闹到咱的会场来了，还要给人家陪情是不是？"小腿疼怕杨小四和支书王镇海再把王聚海说倒了弄得自己不得退场，就赶紧抢了个空子和王聚海说："我可走了！事情是你承担着的！可不许平白白地拉倒啊！"说完了抽身就走，跑出门去才想起来没有装腿疼。

主任王聚海是个老中农出身，早在抗日战争以前就好给人和解个争端，人们常说他是个会和稀泥的人；在抗日战争中八路军来了以后他当过村长，作各种动员工作都还有点办法；在土改时候，地主几次要收买他，都被他拒绝了，村支部见他对斗争地主还坚决，就吸收他入了党；"争先农业社"成立时候，又把他选为社主任，好几年来，因为照顾他这老资格，一直连选连任。他好研究每个人的"性格"，主张按性格用人，可惜不懂得有些坏性格一定得改造过来。他给人们平息争端，主张"和事不表理"，只求得"了事"就算。他以为凡是懂得他这一套的人就当得了干部，不能照他这一套来办事的人就都还得"锻炼锻炼"。例如在一九五五年党内外都有人提出可以把杨小四选成副主任，他却说"不行不行，还得好好锻炼几年"，直到本年（一九五七年）改选时候他还坚持他的意见，可是大多数人都说杨小四要比他还强，结果选举的票数和他得了个平。小四当了副主任之后，他可是什么事也不靠小四做，并且常说："年轻人，随在管委会里'锻炼锻炼'再说吧！"又如社章上规定要有个妇女副主任，在他看来那也是多余的。他说："叫妇女们闹事可以，想叫她们办事呀，连门都找不着！"因为人家别的社里每社都有那么一个人，他也没法坚持他的主张，结果在选举时候还是选了第三队里的高秀兰来当女副主任。他对高秀兰和对杨小四还有区别，以为小四还可以"锻炼锻炼"，秀兰连"锻炼"也没法"锻炼"，因此除了在全体管委会议的时候按名单通知秀兰来参加以外，在其他主干碰头的会上就根本想不起来还有秀兰那么个人。不过高秀兰可没有忘了他。就在这次整风开始，高秀兰给他贴过这样一张大字报：

争先社，难争先，因为主任太主观：
只信自己有本事，常说别人欠锻炼；
大小事情都包揽，不肯交给别人干，
一天起来忙到晚，办的事情很有限。
遇上社员有争端，他在中间陪笑脸，
只求说个八面圆，谁是谁非不评断，

有的没理沾了光，感谢主任多照看，
有的有理受了屈，只把苦水往下咽。
正气碰了墙，邪气遮了天，
有力没处使，来个大转变：
办事靠集体，说理分长短，
多听群众话，免得耍光杆！

——高秀兰写

他看了这张大字报，冷不防也吃了一惊，不过他的气派大，不像小腿疼那样马上唧唧喳喳乱吵，只是定了定神仍然摆出长辈的口气来说："没想到秀兰这孩子还是个有出息的，以后好好'锻炼锻炼'还许能给社里办点事。"王聚海就是这样一个人。

杨小四给小腿疼和吃不饱出的那张大字报，在才写成稿子没有誊清以前，征求过王聚海的意见。王聚海坚决主张不要出。他说："什么病要吃什么药，这两个人吃软不吃硬。你要给她们出上这么一张大字报，保证她们要跟你闹麻烦；实在想出的话，也应该把她们的名字去了。"杨小四又征求支书王镇海的意见，并且把主任的话告诉了支书，支书说："怕麻烦就不要整风！至于名字写不写都行，一贴出去谁也知道指的是谁！"杨小四为了照顾王聚海的老面子，又改了两句，只把那两个人的名字去了，内容一点也没有变，就贴出去了。

当小腿疼一进社房来扑杨小四，王聚海一边拦着她，一边暗自埋怨杨小四："看你惹下麻烦了没有？都只怨不听我的话！"等到大家要往乡政府送小腿疼，被他拦住用好话把小腿疼劝回去之后，他又暗自夸奖他自己的本领："试试谁会办事？要不是我在，事情准闹大了！"可是他没有想到当小腿疼走出去、看热闹的也散了之后，支书批评他说："聚海哥！人家给你提过那么多意见，你怎么还是这样无原则？要不把这样无法无天的人的气焰打下去，这整风工作还怎么往下做呀？"他听了这几句批评觉得很伤心。他想："你们闯下了事自己没法了局，我给你们做了开解，倒反落下不是了？"不过他摸得着支书的"性格"是"认理不认人、不怕不了事"的，所以他没有把真心话说出来，只勉强承认说："算了算了！都算我的错！咱们还是快点布置一下明天的生产工作吧！"

一谈起布置生产来，支书又说："生产和整风是分不开的。现在快上冻了，妇女大半不上地，棉花摘不下来，花秆拔不了，牲口闲站着，地不能犁，要不整风，怎么能把这种情况变过来呢？"主任王聚海说："整风是个慢工夫，一两天也不能转变个什么样子；最救急的办法，还是根据去年的经验，把定额减一减——把摘八斤籽棉顶一个工，改成六斤一个工，明天马上就能把大部分人动员起来！"支书说：

"事情就坏到去年那个经验上！现在一天摘十斤也摘得够，可是你去年改过那么一下，把那些自私自利的改得心高了，老在家里等那个便宜。这种落后思想照顾不得！去年改成六斤，今年她们会要求改成五斤，明年会要求改成四斤！"杨小四说："那样也就对不住人家进步的妇女！明天要减了定额，这几天的工分你怎么给人家算？一个多月以前定额是二十斤，实际能摘到四十斤，落后的抢着摘棉花，叫人家进步的去割谷，就已经亏了人家；如今摘三遍棉花，人家又按八斤定额摘了十来天了，你再把定额改小了让落后的来抢，那像话吗？"王聚海说："不改定额也行，那就得个别动员。会动员的话，不论哪一个都能动员出来，可惜大家在作动员工作方面都没有'锻炼'，我一个人又只有一张嘴，所以工作不好做……"接着他就举出好多例子，说哪个媳妇爱听人夸她的手快，哪个老婆爱听人说她干净……只要摸得着人的"性格"，几句话就能说得她愿意听你的话。他正唠唠叨叨举着例子，支书打断他的话说："够了够了！只要克服了资本主义思想，什么'性格'的人都能动员出来！"

话才说到这里，乡政府来送通知，要主任和支书带两天给养马上到乡政府集合，然后到城关一个社里参观整风大辩论。两个人看了通知，主任说："怎么办？"支书说："去！""生产？""交给副主任！"主任看了看杨小四，带着讽刺的口气说："小四！生产交给你！支书说过，'生产和整风分不开'，怎样布置都由你！""还有人家高秀兰哩！""你和她商量去吧！"

主任和支书走后，杨小四去找高秀兰和副支书，三个人商量了一下，晚上召开了个社员大会。

人们快要集合齐了的时候，向来不参加会的小腿疼和吃不饱也来了。当她们走近人群的时候，吃不饱推着小腿疼的脊背说："快去快去！凑他们都还没有开口！"她把小腿疼推进了场，她自己却只坐在圈外。一队的队长王盈海看见她们两个来得不大正派，又见小腿疼被推进场去以后要直奔主席台，就赶了两步过来拦住她说："你又要干什么？""干什么？今天晌午的事你又不是不知道！先得把小四骂我的事说清楚，要不今天晚上的会开不好！"前边提过，王盈海也是小腿疼的一个本家小叔子，说话要比王聚海、王镇海都尖刻。王盈海当了队长，小腿疼虽然能借着个叔嫂关系跟他耍无赖，不过有时候还怕他三分。王盈海见小腿疼的话头来得十分无理，怕她再把个会场搅乱了，就用话顶住她说："你的兴就还没有败透？人家什么地方屈说了你？你的腿到底疼不疼？""疼不疼你管不着！""编在我队里我就要管你！说你腿疼哩，闹起事来你比谁跑得也快；说你不疼哩，你却连饭也不能做，把个媳妇拖得上不了地！人家给你写了张大字报，你就跟被蝎子蜇了一下一样，唧唧喳喳乱叫喊！叫吧！越叫越多！再要不改造，大字报会把你的大门上也贴满了！"

这样一顶，果然有效，把个小腿疼顶得关上嗓门慢慢退出场外和吃不饱坐到一起去。杨小四看见小腿疼息了虎威，悄悄和高秀兰说："咱们主任对小腿疼的'性格'摸得还是不太透。他说小腿疼是'吃软不吃硬'，我看一队长这'硬'的比他那'软'的更有效些。"

宣布开会了，副支书先讲了几句话说："支书和主任今天走得很急促，没有顾上详细安排整风工作怎样继续进行。今天下午我和两位副主任商议了一下，决定今天晚上暂且不开整风会，先来布置明天的生产。明天晚上继续整风，开分组检讨会，谁来检讨、检讨什么，得等到明天另外决定。我不说什么了，请副主任谈生产吧！"副支书说了这么几句简单的话就坐下了。有个人提议说："最好是先把检讨人和检讨什么宣布一下，好让大家准备准备！"副支书又站起来说："我们还没有商量好，还是等明天再说吧！"

接着就是杨小四讲话。他说："咱们现在的生产问题，大家都看得很清楚，棉花摘不下来，花秆拔不了，牲口闲站着，地不能犁，再过几天地一冻，秋杀地就算误了。摘完了的棉花秆，断不了还要丢下一星半点，拔在秆上熏了肥料，觉着很可惜；要让大家自由拾一拾吧，还有好多三遍花没有摘，说不定有些手不干净的人要偷偷摸摸的。我们下午商量了一下，决定明后两天，由各队妇女副队长带领各队妇女，有组织地自由拾花；各队队长带领男劳力，在拾过自由花的地里拔花秆，把这一部分地腾清以后，先让牲口犁着，然后再摘那没有摘过三遍的花。为了防止偷花的毛病，现在要宣布几条纪律：第一、明天早晨各队正副队长带领全队队员到村外南池边犁过的那块地里集合，听候分配地点。第二、各队妇女只准到指定地点拾花，不许乱跑。第三、谁要不到南池边集合，或者不往指定地点，拾的花就算偷的，还按社里原来的规定，见一斤扣除五个劳动日的工分，不愿叫扣除的送到法院去改造。完了！散会！"

大会没有开够十分钟就散了，会后大家纷纷议论，有的说："青年人究竟没有经验！就定一百条纪律，该偷的还是要偷！"有的说："队长有什么用？去年拾自由花，有些妇女队长也偷过！"有的说："年轻人可有点火气，真要处罚几个人，也就没人敢偷了！"有的说："他们不过替人家当两天家，不论说得多么认真，王聚海回来还不是平塌塌地又放下了！"准备偷花的妇女们，也互相交换着意见："他想的倒周全，一分开队咱们就散开，看谁还管得住谁？""分给咱们个好地方咱们就去，要分到没出息的地方，干脆都不要跟上队长走！""他一只手拖一个，两只手拖两个，还能把咱们都拖住？""我们的队长也不那么老实！"……

"新官上任，不摸秉性"，议论尽管议论，第二天早晨都还得到村外南池边那块犁过的地里集合。

要来的人都来到犁耙得很平整的这块地里来坐下，村里再没有往这里走的人了，小四、秀兰和副支书一看，平常装病、装忙、装饿的那些妇女们这时候差不多也都到齐，可是小腿疼和吃不饱两个有名人物没有来。他们三个人互相看了看，秀兰说："大概是一张大字报真把人家两个人惹恼了！"大家又稍微等了一下，小四说："不等她们了，咱们就按咱们的计划来吧！"他走到面向群众那一边说："各队先查点一下人数，看一共来了多少人！男女分别计算！"各个队长查点了一遍，把数字报告上来。小四又说："请各队长到前边来，咱们先商量一下！"各队长都集中到他们三个人跟前来。小四和各队长低声说了几句话，各个队长一听都大笑起来，笑过之后，依小四的吩咐坐在一边。

小四开始讲话了。小四说："今天大家来得这样齐楚，我很高兴。这几天，队长每天去动员人摘花，可是说来说去，来的还是那几个人，不来的又都各有理由：有的说病了，有的说孩子病了，有的说家里忙得离不开……指东划西不出来，今天一听说自由拾花大家就什么事也没有了！这不明明是自私自利思想作怪吗？摘头遍花能超过定额一倍的时候，大家也是这样来得整齐。你们想想：平常活叫别人做，有了便宜你们讨，人家长年在地里劳动的人吃你们多少亏？你们真是想'拾'花吗？一个人一天拾不到一斤籽棉，值上两三毛钱，五天也赚不够一个劳动日，谁有那么傻瓜？老实说：愿意拾花的根本就是想偷花！今年不能像去年，多数人种地让少数人偷！花秆上丢的那一点棉花不拾了，把花秆拔下来堆在地边让每天下午小学生下了课来拾一拾，拾过了再熏肥。今天来了的人一个也不许回去！妇女们各队到各队地里摘三遍花，定额不动，仍是八斤一个劳动日；男人们除了往麦地里担粪的还去担粪，其余到各队摘尽了花的地里拔花秆！我的话讲完了！副支书还要讲话！"有一个媳妇站起来说："副主任！我不说瞎话！我今天不能去！我孩子的病还没有好！不信你去看看！"小四打断她的话说："我不看！孩子病不好你为什么能来？""本来就不能来，因为……""因为听说要自由拾花！本来不能来你怎么来的？天天叫也叫不到地，今天没有人去叫你，你怎么就来了？副支书马上就要跟你们讲这些事！"这个媳妇再没有说的，还有几个也想找理由请假，见她受了碰，也都没有敢开口。她们也想到悄悄溜走，可是坐在村外一块犁过的地里，各个队长又都坐在通到村里去的路上，谁动一动都看得见，想跑也跑不了。

副支书站起来讲话了。他说："我要说的话很简单：有人昨天晚上要我把今天的分组检讨会布置一下，把检讨人和检讨什么告大家说，让大家好准备。现在我可以告大家说了：检讨人就是每天不来今天来的人，检讨的事就是'为什么只顾自己不顾社'。现在先请各队的记工员把每天不来今天来的人开个名单。"

一会，名单也开完了，小四说："谁也不准回村去！谁要是半路偷跑了，或者下午不来了，把大字报给她出到乡政府！”秀兰插话说：“我们三队的地在村北哩，不回村怎么过去？”小四向三队队长张太和说：“太和！你和你的副队长把人带过村去，到村北路上再查点一下，一个也不准回去！各队干各队的事！散会！”

在散会中间又有些小议论：“小四比聚海有办法！”“想得出来干得出来！”“这伙懒婆娘可叫小四给整住了！”“也不止小四一个，他们三个人早就套好！”“聚海只学过内科，这些年轻人能动手术！”“聚海的内科也不行，根本治不了病！”“可惜小腿疼和吃不饱没有来！”……说着就都走开了。

第三队通过了村，到了村北的路上，队长查点过人数，就往村北的杏树底地里来。这地方有两丈来高一个土岗，有一棵老杏树就长在这土岗上，围着这土岗南、东、北三面有二十来亩地在成立农业社以后连成了一块，这一年种的是棉花，东南两面向阳地方的棉花已经摘尽了，只有北面因为背阴一点，第三遍花还没有摘。他们走到这块地里，把男劳力和高秀兰那样强一点的女劳力留在南头拔花秆，让妇女队长带着软一点的女劳力上北头去摘花。

妇女们绕过了南边和东边快要往北边转弯了，看见有四个妇女早在这块地里摘花，其中有小腿疼和吃不饱两个人。大家停住了脚步，妇女队长正要喊叫，有个妇女向她摆手低声说：“队长不要叫她们！你一叫她们不拾了！咱们也装成自由拾花的样子慢慢往那边去！到那里咱们摘咱们的，她们拾她们的！让她们多拾一点处理起来也有个分量！”妇女队长说：“我说她们怎么没有出来！原来早来了！”另一个不常下地的妇女说：“吃不饱昨天夜里散会以后，就去跟我商量过不要到南池边去集合，早一点往地里去，我没有敢听她的话。”大家都想和小腿疼她们开开玩笑，就都装作拾花的样子，一边在摘过的空花秆上拾着零花，一边往北边走。

原来头天晚上开会的时候，小腿疼没有闹起事来，不是就退出场外和吃不饱坐在一起了吗？她们一听到第二天叫自由拾花，吃不饱就对住小腿疼的耳朵说：“大婶！咱明天可不要管他那什么纪律！咱们叫上几个人天不明就走，赶她们到地，咱们就能弄他好几斤！她们到南池边集合，咱们到村北杏树底去，谁也碰不上谁；赶她们也到杏树底来咱们跟她们一块儿拾。拾东西谁也不能不偷，她们一偷，就不敢去告咱们的状了！”小腿疼说：“我也是这么想！什么纪律？犯纪律的多哩！处理过谁？光咱们俩人去多好！不要叫别人！”“要叫几个人，犯了也有个垫背的；不过也不要叫得太多，太多了轮到一个人手里东西就不多了！”她们一共叫过五个人，不过有三个没有敢来，临出发只来了两个，就相跟着到杏树底来了。她们正在五六亩大的没有摘过三遍花的地里偷得起劲，听见有人说话，抬头一看，见三队的妇女都来了，就溜到摘过的这一边来；后来见三队的人也到没有摘过的那边去了，她们就又溜回去。三队的人都哈哈大笑起来。小腿疼说：“笑什么？许你们偷不许我们偷?”有个人说:“你们怎么拾了那么多?”“谁不叫你们早点来?”三队的人都是挨着摘,小腿疼她们四个人可是满地跑着捡好的。三队有个人说:“要偷也该挨住片偷呀?”小腿疼说:“自由拾花,你管我们怎么拾哩?要说是偷,你们不也是偷吗?”大家也不认真和她辩论,有些人隔一阵还忍不住要笑一次。

妇女队长悄悄和一个队员说:“这样一直开玩笑也不大好。我离开怕她们闹起来,请你跑到南头去和队长、副主任说一声,叫他们看该怎么办!”那个队员就去了。

队长张太和更是个开玩笑大王。他一听说小腿疼和吃不饱那两个有名人物来了,好像有点幸灾乐祸的样子说:“来了才合理!我早就想到这些人物碰上这些机会不会不出马!你先回去摘花,我马上就到!”他又向高秀兰说:“副主任!你先不要出面,等我把她们整住了请你再去!你把你的上级架子扎得硬硬地!”可是高秀兰不愿意那样做。高秀兰说:“咱们都是才学着办事,还是正正经经来吧!咱们一同去!”他们走到北头,队员们看见副主任和队长都来了,又都大笑起来。张太和依照高秀兰的意见,很正经地说:“大家不要笑了!你们那几位也不要满地跑了!”小腿疼又要她的厉害:“自由拾花!你管不着!”“就算自由拾花吧!你们来抢我三队的花,我就要管!都先把篮子缴给我!”吃不饱说:“我可是三队的!三队的花许别人偷就得许我偷!要缴大家都缴出来!”张太和说:“谁也得缴!”说着就先把她们四个人的篮子夺下来,然后就问她们说:“你们为什么不到南池边集合?”吃不饱说:“你且不要问这个!你不是说‘谁也得缴’吗?为什么不缴她们的?”“她们是给社里摘!”“我们也是给社里摘!”“谁叫你们摘的?”“谁叫她们摘的?”“对!现在就先要给你们讲明是谁叫她们摘的!”接着就把在南池边集合的时候那一段事给她们四个讲了一遍,讲得她们都软下来。小腿疼说:“不叫拾不拾算了!谁叫你们不先告我们说?”“不告说为什么还叫到南池边集合?告你说你不去听,别人有什么办法?”小腿疼说:“算我们白拾了一趟!你们把花倒下,给我们篮子我们走!”

这时候,高秀兰说话了。她说:“事情不那么简单:事前宣布纪律,为的是让大家不犯,犯了可就不能随便了事!这棉花分明是偷的。太和同志!把这些棉花送回社里,过一过秤,让保管给她们每一个篮子上贴上个条子,写明她们的姓名和棉花的分量,连篮子一同保存起来,等以后开个社员大会,让大家商量一个处理办法来处理!”张太和把四个篮子拿起来走了,小腿疼说:“秀兰呀!你可不能说我们是偷的!我们真正不知道你们今天早上变了卦!”秀兰说:“我们一点也没有变卦!昨天晚上杨小四同志给大家说得明白:‘谁要不到南池边集合,拾的花就都算偷的’,何况你们明明白白在没有摘过的地里来抢哩?这是妨害全社利益的事,我们不能自作主张,准备交给群众讨论个处理办法!你们有什么话到社员大会上说去吧!”

小腿疼和吃不饱偷了棉花的事，等到吃早饭的时候，就传遍了全村。上午，各队在做活的时候提起这事，差不多都要求把整风的分组检讨会推迟一天，先在本天晚上开个社员大会处理偷花问题——因为大多数人都想叫在王聚海回来之前处理了，免得他回来再来个“八面圆”把问题平放下来。两个副主任接受了大家的要求，和副支书商量把整风会推迟一天，晚上就召开了处理偷花问题的社员大会。

大会开了。会议的项目是先由高秀兰报告捉住四个偷花贼的经过，再要她们四个人坦白交代，然后讨论处理办法。

在她们四个人坦白交代的时候，因为篮子和偷的棉花都还在社里，爱“了事”的主任又不在家，所以除了小腿疼还想找一点巧辩的理由外，一般都还交代得老实。前头是那两个垫背的交代的。一个说是她头天晚上没有参加会，小腿疼约她去就去了，去到杏树底见地里没有人，根本没有到已经摘尽了的地里去拾，四个人一去，就跑到北头没摘过的地里去了。另一个说得和第一个大体相同，不过她自己是吃不饱约她的。这两个人交代过之后，群众中另有三个人插话说，小腿疼和吃不饱也约过她们，她们没有敢去。第三个就叫吃不饱交代。吃不饱见大风已经倒了，老老实实把她怎样和小腿疼商量，怎样去拉垫背的、计划几时出发、往哪块地去……详细谈了一遍。有人追问她拉垫背的有什么用处，她说根据主任处理问题的习惯，犯案的人越多了处理得越轻，有时候就不处理；不过人越多了，每个人能偷到的东西就太少了，所以最好是少拉几个，既不孤单又能落下东西。她可以算是摸着主任的“性格”了。

最后轮着小腿疼作交代了。主席杨小四所以把她排在最后，就是因为她好倚老卖老来巧辩，所以让别人先把事实摆一摆来减少她一些巧辩的机会。可是这个小老太婆真有两下子，有理没理总想争个盛气。她装作很受屈的样子说：“说什么？算我偷了花还不行？”有人问她：“怎么‘算’你偷了？你究竟偷了没有？”“偷了！偷也是副主任叫我偷的！”主席杨小四说：“哪个副主任叫你偷的？”“就是你！昨天晚上在大会上说叫大家拾花，过了一夜怎么就不算了？你是说话呀是放屁哩？”她一骂出来，没有等小四答话，群众就有一半以上的人“哗”地一下站起来：“你要造反！”“叫你坦白呀叫你骂人？”……三队长张太和说：“我提议：想坦白也不让她坦白了！干脆送法院！”大家一齐喊“赞成”。小腿疼着了慌，头像货郎鼓一样转来转去四下看。她的孩子、媳妇见说要送她也都慌了。孩子劝她说：“娘你快交代呀！”小四向大家说：“请大家稍静一下！”然后又向小腿疼说：“最后问你一次：交代不交代？马上答应，不交代就送走！没有什么客气的！”“交交交代什么呀？”“随你的便！想骂你就再骂！”“不不不那是我一句话说错了！我交代！”小四问大家说：“怎么样？就让她交代交代看吧？”“好吧！”大家答应着又都坐下了。小腿疼喘了几口气说："我也不会说什么！反正自己做错了！事情和宝珠说的差不多：昨天晚上快散会的时候，宝珠跟我说：'咱明天可不要管他那什么纪律！咱们叫上几个人……'"

这时候忽然出了点小岔子：城关那个整风辩论会提前开了半天，支书和主任摸了几里黑路赶回来了。他们见场里有灯光，预料是开会，没有回家就先到会场上来。主任远远看见小腿疼先朝着小四说话然后又转向群众，以为还是争论那张大字报的问题，就赶了几步赶进场里，根本也没有听小腿疼正说什么，就拦住她说："回去吧老嫂！一点点小事还值得追这么紧？过几天给你们解释解释就完了……"大家初看见他进到会场时候本来已经觉得有点泄气，赶听到他这几句话，才知道他还根本不了解情况，"轰隆"一声都笑了。有个年纪老一点的人说："主任！你且坐下来歇歇吧！'没有调查就没有发言权'！"支书也拉住他说："咱们打听打听再说话吧！离开一天多了，你知道人家的工作是怎样安排的？"主任觉得很没意思，就和支书一同坐下。

小腿疼见主任王聚海一回来，马上长了精神。她不接着往下交代了。她离开自己站的地方走到王聚海面前说："老弟呀！你走了一天，人家就快把你这没出息嫂嫂摆弄死了！"她来了这一下，群众马上又都站起来："你不用装蒜！""你犯了法谁也替不了你！"……主任站起来走到小四旁边面向大家说："大家请坐下！我先给大家谈谈！没有了不了的事……"有人说："你请坐下！我们今天没有选你当主席！""这个事我们会'了'！"……支书急了，又把主任拉住说："你为什么这么肯了事？先打听一下情况好不好？让人家开会，我们到社房休息休息！"又问副支书说："你要抽得出身来的话，抽空子到社房给我们谈谈这两天的事！"副支书说："可以！现在就行！"

他们三个离了会场到社房，副支书把他和杨小四、高秀兰怎样设计把那些光想讨巧不想劳动的妇女调到南池边，怎么批评了她们，怎么分配人力摘花，拔花秆，怎样碰上小腿疼她们偷花……详细谈了一遍，并且说："棉花明天就可以摘完，今天下午犁地的牲口就全都出动了，花秆拔得赶得上犁，剩下的男劳力仍然往准备冬浇的小麦地里运粪。"他报告完了情况，就先赶回会场去。

副支书走了，支书想了一想说："这些年轻人还是有办法！做法虽说有点开玩笑，可是也解决了问题！"主任说："我看那种动员办法不可靠！不捉摸每个人的'性格'，勉强动员到地里去，能做多少活哩？""再不要相信你摸得着人的'性格'了！我看人家几个年轻同志非常摸得着人的'性格'。那些不好动员的妇女们有她们的共同'性格'，那就是'偷懒''取巧'。正因为摸透了她们这种性格，才把她们都调动出来。人家不止'摸得着'这种性格，还能'改变'这种性格。你想：开了那么一个‘思想展览会’，把她们的坏思想抖出来了，她们还能原封收回去吗？你说人家动员的人不能做活，可是棉花是靠那些人摘下来的。用人家的办法两天就能摘完，要仍用你那‘摸性格’的老办法，恐怕十天也摘不完——越摘人越少。在整风方面，人家一来就找着两个自私自利的头子，你除不帮忙，还要替人家‘解释解释’。你就没有想到全社的妇女你连一半人数也没有领导起来，另一半就是咱那个小腿疼嫂嫂和李宝珠领导着的！我的老哥！我看你还是跟那几位年轻同志在一块‘锻炼锻炼’吧！”主任无话可说了，支书拉住他说：“咱们去看看人家怎样处理这偷花问题。”

他们又走到会场时候，小腿疼正向小四求情。小腿疼说：“副主任！你就让我再交代交代吧！”原来自她说了大家“捉弄”了她以后，大家就不让她再交代，只讨论了对另外三个人的处分问题，留下她准备往法院送。有个人看见主任来了，就故意讽刺小腿疼说：“不要要求交代了！那不是？主任又来了！”主任说：“不要说我！我来不来你们该怎么办还怎么办！刚才怨我太主观，不了解情况先说话！”小腿疼也抢着说：“只要大家准我交代，不论谁来了我也交代！”小腿疼看了看群众，群众不说话；看了看副支书和两个副主任，这三个人也不说话。群众看了看主任，主任不说话；看了看支书，支书也不说话。全场冷了一下以后，小腿疼的孩子站起来说：“主席！我替我娘求个情！还是准她交代好不好？”小四看了看这青年，又看了看大家说：“怎么样？大家说！”有个老汉说：“我提议，看在孩子的面上还让她交代吧！”又有人接着说：“要不就让她说吧！”小四又问，“大家看怎么样？”有些人也答应：“就让她说吧！”“叫她说说试试！”……小腿疼见大家放了话，因为怕进法院，恨不得把她那些对不起大家的事都说出来，所以坦白得很彻底。她说完了，大家决定也按一斤籽棉五个劳动日处理，不过也跟给吃不饱规定的条件一样，说这工一定得她做，不许用孩子的工分来顶。

散会以后，支书走在路上和主任说：“你说那两个人‘吃软不吃硬’，你可算没有摸透她们的‘性格’吧？要不是你的认识给她们撑了腰，她们早就不敢那么猖狂了！所以我说你还是得‘锻炼锻炼’！”

单元思考题

1. 你的家乡在哪里，请就“家乡那些忘不掉的人忘不掉的事”这一主题，写一篇文章或进行课堂演讲。

2. 通过阅读本单元的作品，站在你的角度，谈谈你对现代城市与农村关系的认识。

3. 如果有影视剧要去你的家乡取景，你会推荐哪里，为什么？

第六单元　插上幻想翅膀的科学

导语

科幻文学是关于科学和未来双重介入现实的叙事性文学作品，也是关于现代化和现代性的文学。科幻文学发端于西方文化土壤之中，历经两百多年的演变与发展，渐渐从文学的边缘走进学术的殿堂，并且日益成为全人类共同的精神财富。从玛丽·雪莱到儒勒·凡尔纳，从H.G. 威尔斯到艾萨克·阿西莫夫、斯皮尔伯格、刘慈欣……这些仰望星空，也关注大地的科幻作家们用他们的睿智、想象力和勇气为我们描绘了未来无数的可能性。怀着永恒的敬畏之心，人类无畏地把自己放逐于浩瀚的宇宙之中。

选文

一、弗兰肯斯坦(节选)①

题解：本文作者玛丽·雪莱（Mary Shelley，1797—1857），英国小说家与传记作家。《弗兰肯斯坦》是其最为著名的作品，全名为《弗兰肯斯坦：或现代普罗米修斯》。这部小说出版于1818年，被当代学界视为最早的科幻小说。它以书信体小说的形式讲述了一个哥特式的幻想故事：年轻的科学家维克多·弗兰肯斯坦在一项非正统的科学实验中创造出了一个怪诞、智慧的生物。这个生物的存在从此对弗兰肯斯坦和其他人的生活构成了致命的恐惧与威胁。最终，弗兰肯斯坦在追踪怪物的旅途中死去，而怪物也因极度孤独而自焚死亡。

①詹姆斯·冈恩,郭建中. 钻石透镜——从吉尔伽美什到威尔斯[M]. 北京: 北京大学出版社, 2008.

第五章

11 月的一个阴郁的夜晚，我终于见到了日夜操劳的成果。我心焦如焚地把制造生命的器械收集来，准备给横在我的脚跟前的这具一无生气的躯体注入生命的火花。这时已是凌晨一点，雨点啪嗒啪嗒地打在玻璃窗上，给人一种凄凉之感。蜡烛快点完了，借着行将熄灭的摇曳的烛光，我看到那具生灵睁开了眼睛，露出暗黄的眼珠，大口大口地喘着粗气，四脚一起一伏地抽动着。

目睹这惊心动魄的一幕，我百感交集，现在叫我怎么能一一付诸言辞呢？我呕心沥血，历尽千辛万苦，造出了这个坏蛋，可我现在又该如何描绘他的模样呢？他四肢匀称。我为他还选定了一副优美的仪容。啊，优美的仪容！——我的老天！黄澄澄的皮肤，绷得紧紧的，几乎连皮下的肌肉和血管都包不住；飘然下垂的头发，乌黑发亮；牙齿像珍珠般洁白无瑕；可是，乌发、皓齿同眼睛、嘴巴凑合在一块，那副尊容才真叫怕人呢；水汪汪的眼睛，同它们借以容身的那对眼窝几乎一个色调，黄里泛白；脸色像枯萎的黄叶；两片嘴唇直溜溜地呈一黑线。

虽说世事沧桑多变，终不及人类的情感那么反复无常。我披星戴月干了近两年，一心一意想使这副无生命的躯壳获得生机，为此，我捐弃了休息和健康。我食不甘味，眠不安枕，眼巴巴地盼着愿望的实现，等到大功告成了，美丽的梦幻却烟消云散，化为一股令人窒息的恐惧和厌恶，充塞在我心头。我亲手造出的那具生灵，模样儿实在叫人受不了，我冲出工作室，在卧室里不停地踱来踱去，起伏的心潮，久久不能平静。最后，这股骚动总算渐趋平息，肉体感到困顿疲乏；我和衣倒在床上，尽量想把这一切忘掉，但是没用。人算是睡着了，然而乱梦颠倒，仍得不到片刻安宁。我梦见青春焕发的伊丽莎白，漫步在因戈尔市街头。我惊喜交集，一把将她搂在怀里，可是当我刚一吻她，那两片嘴唇立刻泛起死一般的铅灰色，她的面容似乎起了变化，我觉得手里抱着的是我已故母亲的尸体，她的身躯上蒙着一袭裹尸布，只见墓穴中的条条蛆虫，还在法兰绒尸衣的褶层内缓缓蠕动。我从噩梦中惊醒，额上冷汗淋淋，牙齿咯咯打战，四肢不住抽搐。这时，黄澄澄的月光，透过百叶窗的缝隙照在房间里，借着朦胧的月光，我又看到了那个坏蛋——我亲手造出的那头可怜的怪物。他撩起床帘，眼睛——如果可以用这个名称的话——直勾勾地瞪着我，嘴巴张开着，喃喃地发出一串含混不清的声音，同时还嘻嘻一笑，面颊上露出一道道皱纹。他大概是说了些什么，但我听不清楚；他还伸出只手来，似乎想拦住我，但是我身子一闪，往楼下冲去。这一夜余下的时间，我就一直待在寓所的院子里，心乱如麻，不停地来回走动，同时还竖起耳朵，留神四下的动静，听到一点儿什么声响，都要吓一跳，以为那具行尸走肉又追了来——正是我这个可怜虫让那具僵尸活转人世的。

哦，那副狰狞面目，没有一个活人看了能受得了的。哪怕是木乃伊还过魂来，也不见得会比那个丑八怪更吓人。完工之前，我就仔细端详过他：那时已经够难看的了，而现在那些肌肉和关节一旦活动了起来，那尤物的丑模样，恐怕连但丁也没本事想象的吧。

我就这么可怜巴巴地度过了那一夜。有时脉搏跳得极快，几乎连血管的搏动也摸不出；有时，由于困倦，再加上极度的虚弱，我差不多要颓然瘫倒在地上。恐惧和失望的辛酸，交集心头。长久以来，这一梦寐以求的愿望，一直是我精神的食粮和心灵的慰藉，现在却成了折磨我的痛苦之源。苦乐间的变化如此之快，梦幻的破灭又是如此彻底！

总算挨到了天亮。这是个风雨晦暗的早晨。晨曦勾勒出因戈尔市教堂的轮廓，我睁大因失眠而发疼的双眼，依稀辨认出教堂的白色尖塔，塔楼上的大钟正指着六点。守门人打开院子的大门，昨天夜里这院子成了我的避难所。我走上街道，匆匆而行，仿佛是想躲过那具怪物；我提心吊胆，生怕他又会从哪个街角处突然冒出来。天色阴沉沉的，叫人心里发慌；倾盆大雨瓢泼而下，我浑身全淋湿了，但是我不敢回寓所去，似乎有一股力量推着我匆匆向前。

我就这样走了一程又一程，想借肉体上的运动来减轻压在我心头的重荷。我穿街走巷，茫然无绪，不知道自己走到了哪儿，在干些什么。我的心因恐惧而怦怦乱跳，我继续跌跌撞撞地匆忙赶路，不敢向四周看上一眼——

> 像个荒凉大路上的行人，
> 心怀恐惧，步履匆匆，
> 他回首一瞥，又急急前行，
> 从此再不敢停步转身。
> 因为他知道背后有恶煞凶神，
> 紧紧穷追，一步也不放松。

我茫然地疾步向前，最后来到一家小客栈对面，那儿通常停放着来自各地的驿车和马车。我收住脚步，自己也不明白是为了什么。我在那儿停留了几分钟，两眼紧盯着一辆从路那头缓缓驶来的公共马车。等马车驶近时，我发现是辆从瑞士来的驿车。“我亲爱的弗兰肯斯坦，”他大声嚷着，“见到你我多高兴！在这儿一下马车就遇到你，真走运啊！”

看到克勒伐尔，我的那段高兴劲儿就别提了，他的到来，使我想起父亲，想起伊丽莎白，勾起我对老家生活场景的亲切回忆。我握住他的手，把自己的恐惧和不幸抛到了九霄云外。我内心顿时平静下来，充满了恬静的欢乐，这样的感觉，多少个月来，还只是第一回。我极其真诚而又亲切地对我的朋友表示欢迎，一起朝大学信步走去。一路上，克勒伐尔谈到我们朋友的一些情况，谈到他自己的好运气。他父亲终于同意他上因戈尔市来。“你也许不难明白，”他说道，“要说服我那位父亲，让他相信簿记这门了不起的艺术，毕竟容纳不了所有必要的知识，这可真难如登天。事实上，我相信直到最后，我也没能说服他，因为不管我怎么一而再、再而三地哀求，他总是像《威克菲牧师传》中的荷兰教员那样回答一句：‘不懂希腊文，我照样一年可挣一万个弗罗林；不懂希腊文，我的胃口照样好得很呢。’但是，他的爱子之心最终还是克服了对学问的厌恶，允许我泛舟于学海之上了。”

“见到你，真有说不出的高兴，现在请告诉我，我父亲，弟弟，还有伊丽莎白他们情况怎么样?”

“他们都很好，过得挺快活，只是你不常写家信，使他们有点不安。啊，对了，我还真得替他们说你几句话呢——不过，亲爱的弗兰肯斯坦。”他顿了一下，盯着我的脸端详了一番，接着说，“我刚才没注意到你的气色这么难看，人精瘦精瘦，脸色又这么苍白，你好像一连熬了几个通宵似的。”

“给你说着了。近来我一直紧张地忙着干一件事，没法让自己充分休息，你这一眼就看出来了。不过我希望，打心底里希望，这些杂差现在了结了，我总算自由了。”

我浑身像筛糠似的颤抖不已。想到昨夜的一幕幕情景，我就受不了，更不用说让我亲口提这件事了。我跨开步子急急前行，不一会儿就到了学校。这时，我突然想到，刚才留在我房间里的那头怪物，说不定现在还待在那儿，活蹦乱跳地踱来踱去呢！想到这儿，我有点不寒而栗。我怕见到这头怪物，更担心亨利会见到他。于是我请亨利先在楼梯口稍等片刻，自己三步并作两步朝卧房冲去。我未等缓过气来就要伸手开门，然而手伸到门把上，又迟疑起来了，浑身一阵寒战。我用足力气，将门猛地推开，就像一个小孩常做的那样，以为有鬼怪潜伏在门背后似的。我提心吊胆地走进房间，里面空空的，卧室里也没有看到那个吓人的不速之客。我简直没法相信，我会有这样的好运气。等我确信那个冤家已经逃之夭夭了，我乐得直拍起手来，忙不迭赶下楼，去招呼克勒伐尔。

我们上楼进了房间，不一会儿仆人端来了早餐。我兴奋得没法控制自己，不单是喜悦，我觉得浑身的筋肉都因过分敏感而不住颤抖着，脉搏也在急速地跳动。我一刻也没法安静下来。我跳到椅子上，拍着双手，纵声大笑。一上来，克勒伐尔还以为我这种反常的情绪，是由于见到老友喜不自胜的缘故，等他定神仔细一看，发现我眼睛里射出一股他没法理解的疯狂目光。我拉开嗓门，无端纵声狂笑，把他吓愣了。

“亲爱的维克多，”他大声说，“我的上帝，你怎么了？快别这么笑了。你病得多厉害？究竟是什么缘故？”

“别问我，”我大声叫道，双手捂住眼睛，恍惚间，我仿佛看见那可怕的幽灵又溜进了房间。“问他，他会告诉你的！——噢，救救我吧！啊！快救救我！”我仿佛觉得那怪物一把将我攫住，我疯狂地挣扎着，晕倒在地上。

可怜的克勒伐尔！他当时会是怎么想的呢？他兴冲冲地赶来，期待着久别重逢时的欢乐，怎么也没想到，等着他的却是无端的悲伤。当然，我没有亲眼目睹他的悲痛之状。当时我已昏迷不醒，过了许久才苏醒过来。

打这时起，我就患了神经性热病，一连几个月卧床不起。这期间，由亨利一个人在旁悉心护理。后来我才知道，亨利一直瞒着我家里的人，没把病情完全告诉他们，因为亨利知道我父亲年事已高，不宜长途跋涉，而伊丽莎白如果得悉我的病况，也一定会悲痛欲绝的。他知道，论照料病人再也找不到有比他更认真、更体贴的人了。他始终坚信，我的病体一定会康复。他相信自己这样做，绝不会对不起他们，而是在尽全力为他们分忧效劳。

我的病情确实很严重。我之所以能死里逃生，完全是多亏我朋友每时每刻、无微不至的精心护理。那个由我亲手放到世上来的怪物的魔影，始终浮现在我眼前，在说胡话时，我不断地提到那怪物。亨利对此无疑是颇感吃惊的，起初他还以为是我神志昏迷时的呓语，但是听到我一而再、再而三地重复同一话题，他相信我的精神错乱，肯定是由什么异常可怕的事件引起的。

虽说我的病情还有反复，常引起我朋友亨利的惊惶和忧伤，我的身体总算渐渐地恢复了。我病后第一回有兴注意外界事物时的情景，至今仍记忆犹新：我看到落叶消失了，遮掩我窗户的那株大树，枝头绽出了点点嫩芽。此时已是风和日丽的春天。这个季节对我病体的康复很有帮助。欢乐之情又在我心头油然而生，爱的感觉又在我胸中苏醒了，忧郁的愁绪已一扫而尽。不久，我又像还未染上那股致命激情时一样快乐了。

“最最亲爱的克勒伐尔，”我大声说，“你待我真好，真体贴！整整一个冬天一直守在我病房里陪我，牺牲了自己的学习时间，我该怎样报答你才是呢？我好生懊悔，不该连累你，让你扫兴。我想你会原谅我的吧？”

“如果你不再自寻烦恼，尽快恢复健康，这就是给我的最好的酬劳了。看来你的情绪挺好，我想和你谈一件事，可以吗？”

我发抖了。谈一件事！是件什么事？会不会是指我连想都不敢想的那个怪物？

“镇静些，”克勒伐尔说，他发现我脸色都变了，“如果会让你感到不安，我也就不提那件事了。要知道，你父亲和表妹如果收到你的亲笔家信，会多高兴。他们并不知道你的病情有多严重，不过，好久没收到你的信，也难免要着急的吧。”

“就是这件事吗，我亲爱的亨利？你怎么会以为我首先想到的不是那些亲爱的朋友呢？我真心爱他们，他们也是最值得我爱的。”

“要是你现在的心情果真这样，我的朋友，那你看到这封信会很高兴的吧，这封信已经到了好几天，我想是你表妹寄来的。”

二、新加速剂[①]

题解：本文作者赫伯特·乔治·威尔斯（Herbert George Wells，1866—1946），英国著名小说家。他是现代科幻文学的鼻祖和典范，被世人称为“科学幻想小说之父”，科幻小说界的“莎士比亚”。他的科幻文学作品不仅仅局限于对科学未来发展的预测，而且还将重心放在科学技术与社会发展之间所产生的矛盾以及带来的政治冲突。所以，也有人称威尔斯为达尔文与柏拉图的结合体。《新加速剂》于1901年刊登在《斯特兰》上，后收录于威尔斯的科幻小说集《水晶蛋》（*The Crystal Egg*）中，是一篇有关新发明的小说。作者以一种漫不经心的口吻暗示了新发明将带来一系列难以预测的后果。

若有人在找大头针时却发现了一枚基尼，那他必是我的好友吉本无疑。我曾听说过调查者找不准目标的事，但远不及他那谬以千里的程度。可以毫不夸张地说，他已经确确实实地发现了一种能给人类生活带来巨变的东西，而他的本意是想研制一种使行动迟缓的人们能够应付当今快节奏生活压力的万能神经刺激药物。我已尝过几次了，所以能恰如其分地描述它在我身上产生的药效。很显然，那些想寻找新刺激的人一定能借此领略一番令人惊叹的经历。

许多人都知道，吉本教授是我在福克斯顿的邻居。如果我没记错的话，他在各个时期的照片都已在《斯特兰杂志》上登载过；不过现在我却无法查阅求证，因为有人借走了那期杂志而没有归还。读者也许能回忆起他那副深不可测的相貌，有着高高的额头和又长又黑的眉毛。各色各样单门独户的房子使得桑盖特北路的两端妙趣横生，吉本就住在带有黄色硬砖山墙和摩尔式回廊的那栋里面。那个有直棂凸窗的房间就是他在这儿时工作的地方，我俩也常在里面抽烟、交谈。他善于说笑，也喜欢向我谈论他的工作。他属于那种能从交谈中获取帮助和激励的人，因此我从刚

① 詹姆斯·冈恩，郭建中. 半人半鱼之神——从威尔斯到海因莱恩[M]. 北京：北京大学出版社，2008.

开始不久就对“新加速剂”这玩意儿一清二楚。当然，他的大部分实验工作不是在福克斯顿，而是在高尔街那个位于医院旁边的实验室里完成的。他是第一个启用这个实验室的人。

每个人——最起码那些聪明人——都知道，吉本之所以取得巨大成就并在生理学家中享有盛誉，是由于他研究了药物对神经系统的作用。据我所知，他在催眠剂、镇静剂和麻醉剂方面所取得的成就是无人能够企及的。另外，他又是一位鼎鼎大名的化学家。我猜想，在他苦苦研究的有关中枢神经和核心纤维之谜的错综复杂的“丛林”中，很少有业已清理的小片“空地”得见天日，因为若非他在适当的时候公布于世，任何人都无从知晓他的成果。在最近几年中，他专门致力于神经刺激药物的研制，就在发明“新加速剂”之前已取得了相当的成功。在医学上，他至少研制出了三种不同的安全可靠的提神药，它们对辛勤劳作者具有神奇的效果。在人精疲力竭、生命垂危时，那种被称为“吉本B型糖浆”的药剂比海边的救生船还要管用得多。

“这些药物没有一种使我满意，”近一年前他对我说，“它们要么能增加中心能量而对神经毫无影响，要么能增加可支配能量却降低了神经传导性能，都只能产生不平衡的局部的药效。刺激了心脏和其他内脏却使大脑变得麻木；能使大脑机警敏捷但对太阳神丛经毫无裨益，而我想得到的——哪怕只有一丝一毫的可能性——是一种能使人从头到脚都受到刺激的药物，使其活动节奏两倍于、甚至三倍于别人。我孜孜以求的就是那种东西。”

“它会把人累垮的。”我评说道。

“一点不用担心。那样的话你的胃口也会相应地增加两倍或者三倍。试想一下它带来的结果！假设你有这样一个小瓶子，”他举起一个绿色玻璃瓶并在上面比划着刻度，“在这个珍贵的小瓶里储存着能使你在特定时间内思维、行动及完成的工作量增加一倍的动力！”

“可能吗？”

“我相信这一点。要不然，我就白白地浪费了一年的时间。比如这些次磷酸盐的各种药剂就有着类似的功效，纵然只能达到一点五倍。”

“能够达到一点五倍。”我附和着。

“打比方来说吧！你是一位陷入困境的政治家，时间紧迫，却要完成某件重要事情，那该怎么办？”

“可以服用此药。”我答道。

“那就赢得了双倍的时间。又比如你要赶写一本书。”

“通常我会这么想：要是自己没有动笔该多好啊！”

“或者是一位医生，忙得焦头烂额，想坐下来静静地考虑一种病例。或者是一位律师，或者是一个强记应考的人。”

“对这些人来说，一滴药水值千金哪!”我不由得感叹。

“又如在决斗中，”吉本继续说道，“一切都取决于扣动扳机的速度。”

“击剑比赛也差不多。”我见缝插针。

“你看，如果这是一种万能药物，好处真是不胜枚举——除了可能使你显得老态一点，可你的寿命会相当于别人的两倍——”

“不过，”我若有所思，“在决斗中那样做公平吗?”。

“那时只考虑分秒必争!”吉本说得很干脆。

“你真的对这种药剂有把握?”我还是半信半疑。

“有把握，”吉本瞥了一眼窗前一晃而过的东西，“就像一辆汽车一样实在。事实上——”

他停顿了一下，意味深长地对我笑了笑，并用那个绿瓶子轻敲着书桌边缘。“我了解那东西……我已经有些眉目啦。”从他那深深的笑容可以看出他决非在开玩笑。他只在大功将成之际才会谈论所做的实验。“这个药的功效——我不会感到意外——远不止两倍。”

“那将是一个重大的成果!”我不禁脱口而出。

“我想，那会是一个重大的成果!”

不过我觉得，当时他并未十分清楚那是一个怎样重大的成果。

我记得后来我们又几次谈及那种药物，他称之为“新加速剂”，说话语气也越来越肯定。有时，他焦虑不安地谈到使用此药可能产生难以预料的生理结果会显得闷闷不乐；另外一些时候，他又急于获利，同我长久而热切地争论如何把这种药物变为滚滚财源。“这是一种好东西，”吉本说，“一种了不起的东西。我知道我正为世界做出贡献，所以觉得世界也应理所当然地给予我回报。科学是神圣的，但我得设法垄断此药，比如说十年时间，我认为生活的乐趣不仅仅只有那些庸俗的商人才能享受。”

即将面世的药物引起我日益浓厚的兴趣。我对形而上学的看法始终与众不同。我觉得吉本正在研制的即是生活本身固有的绝对加速度。假如某个人经常地服用这样的药剂，他的生活将会变得积极而有意义；但同时，他在11岁时便会发育成熟，25岁时步入中年，到30岁已未老先衰了。我觉得吉本为那些服药者所奉上的恰恰是大自然给犹太人和东方人的赏赐：他们于十几岁长大成人，50岁便老态龙钟了，但在思维、行动上总比我们敏捷利索。我一直认为药物可以创造伟大的奇迹：使人发狂，使人平静；使人强健灵敏，使人呆若木鸡；使人情绪激昂，使人麻木不仁。而现在，医生手里的小药瓶又添加了一种新的神效！然而吉本只关注那些技术环节，对这方面的问题是不会深入其中的。

8月7日或8日在我们交谈时，他告诉我正在进行蒸馏工作，成功与否在此一举；就在10日那天，他说事情完毕了，"新加速剂"已成了实实在在的东西。当时我正朝桑盖特山上的福克斯顿走去，打算去理发，只见他匆匆地下来迎接我——大概他正想上我家告诉我成功的喜讯。我记得那时他两眼放光，神采飞扬，脚步也显得轻快有力。

"成了，"他一把攥住我的手，急切地说，"非常成功。快上我家看看。"

"真的?"

"真的!"他喜形于色，"难以置信！上去看看。"

"它的功效达到……两倍?"

"不止两倍，远远不止。实在出我所料。上去看看那东西。尝一下！试一下！这是世界上最神奇的东西!"他抓着我的手大步流星地朝山上走去，我不得不小跑起来，还听着他一路嚷嚷着。一辆游览车上的人们像欣赏什么风景似地齐刷刷地转过身来，目不转睛地看着我们。那天的天气同往常一样，炎热、晴朗，烈日照耀下的一切都很晃眼。尽管有微风轻拂着，但我还是情不自禁地感到闷热难耐，口干舌燥，显出一副可怜巴巴的样子。

"我走得不快吧?"吉本稍稍放慢了脚步。

"你在服这种药?"我气喘吁吁地说。

"没有，"他答道，"只喝过一杯用来洗涤此药残留物的水。昨晚我倒是服了一些，但那毕竟是过去的事啦。"

"功效是两倍吗?"到他家门口时我已大汗淋漓了。

"数千倍!"他答道，并用一个夸张的动作猛然推开了那扇古色古香的雕刻过的橡木大门。

"是吗?"我跟着他走向里面的门。

"我也不清楚到底是多少倍。"他说，手里拿着开启弹簧锁的钥匙。

"那你——"

"它将大大丰富神经生理学，并重塑视觉理论……上帝才知道究竟是几千倍。这一切我们将——当务之急是试一试这种药。"

"试一试?"我重复道。

我们正穿过走廊，进了他的书房。

"对!"他看着我，目光中似乎有些不满。"就在那边的绿色小瓶里面。你不会是害怕了吧?"

我骨子里是个行事谨慎的人，尽管理论上富有冒险精神，所以确实有点害怕；但另一方面又有自尊心在作怪。

“唔……你说你已试过了?”我硬着头皮问道。

“对，”他说，“我还是完好无损，是不是？一点也看不出有什么不对劲，而且我感到——”

我坐了下来。“把药给我，”我说，“大不了就不用去理发了，而且我觉得理发是一个文明人最讨厌的应尽义务之一。你是怎样服用的?”

“加水冲服。”吉本说着，取下了一个水瓶。

他站在书桌前，看我坐在他的安乐椅上。他的举止突然间颇像一位住在哈莱街的名医，“你知道，这玩意儿不可捉摸。”他说。

我做了一个手势。

“我必须提醒你。首先，服下药马上闭上眼睛，大约一分钟之后才能慢慢睁开。视力当然不会受影响。视觉只跟振动波长有关，与冲击强度无关；但当眼睛睁开时，还是会感到一种令人晕眩的震颤。要闭上眼睛。”

“闭上眼睛。”我重复着，“行!”

“其次，不要到处乱动。你可能会打破想取的东西。记住，你浑身上下——心脏、肺部、肌肉、大脑——运行节奏都将增加数千倍，所以一不小心就会受伤。你不会有异样的感觉，只是周围的一切同先前相比，运动速度似乎会放慢几千倍，这药的神奇性就在于此。”

“天哪!”我惊诧不已，“你的意思是———”

“你会明白的。”他说着拿起了一个量杯。他瞧了一眼书桌上的东西。“玻璃杯，水，都在这儿，第一次试服不能过量。”

那珍贵的玩意儿咕嘟咕嘟地从小瓶里流了出来。“要切记我的话。”他边说边把量杯里的东西倒进了玻璃杯，神情就像一个在量威士忌的意大利侍者。“闭目静坐两分钟，”他说，“然后注意听我说。”

他在每个玻璃杯中又添了大约一英寸的水。

“顺便提一下，”他说，“不要把杯子放下，应该拿在手里，手靠在膝盖上。对，就这样。现在——”

他举起了杯子。

“为‘新加速剂’干杯!”我提议。

“为‘新加速剂’干杯!”他欣然响应。我们碰了碰杯子一饮而尽；随即我闭上了眼睛。

你也许知道，一个人吸毒后会产生飘飘然如在云里雾中的感觉。有那么一阵子我便处于那种境界。后来我按照吉本的吩咐动了下身子，睁开了眼睛。他仍然站在老地方，手里拿着杯子，唯一不同的是杯子里已经空空如也。

“嗯?”我不知所措。

“没有异样的感觉吗?”

“没有。或许只是有点兴奋，没别的感觉。”

“听见什么声音了吗?”

“一切都是静止的，”我回答。“噢，老天爷！尽管一切都是静止的，但我听到一种轻微而急促的声音，就像雨打芭蕉的滴答声。到底是怎么回事?”

“那是被分解的声音，”我好像听到他这么回答。他扫视了一下窗户。“你以前看到过窗帘这样挂在窗户前吗?”

我随着他的视线看见那窗帘的下部滞留在空中，似乎是被风吹起了一角而没有落下来。

“没见过，”我如实答道，“真是太奇怪了。”

“看这儿，”他说着，便松开了拿玻璃杯的手。我下意识地退后一步，以为那杯子会掉在地上打得粉碎，可是它就浮在了半空中。“大致说来，”吉本解释道，“处于这样高度的物体第一秒会下落16英尺。这个杯子的下落速度也是一样。不过你所看到的，是它在百分之一秒的时间内未曾落下的情景。由此，你对我的‘加速剂’可以得到初步的认识。”他的手在慢慢下沉的杯子周围、上下划动着，最后抓住了杯底，非常小心地放在桌子上。

“怎么样?”他大笑起来。

“看来蛮不错。”我边说边开始小心翼翼地从椅子上站起来。我感觉很好，身子轻飘飘的怪舒服，头脑也清醒得很，尽管身体各部均在高速运转，比如我的心率已达每秒1000次，却未感到任何不适。我向窗外望去，一个“静止不动”的骑车者，身后扬起一阵“凝固”的尘土，正低头追赶着一辆同样是“一动不动”的飞奔的游览车。我看着这不可思议的一幕目瞪口呆!

“吉本，这种神奇的药物可持续多长时间?”

“天知道!”他答道。“上次我服用后，就上床睡觉了。说实话，当时我真是提心吊胆的。想必只持续了几分钟，但显得有几小时那么长。我相信，一会儿之后药性会突然减弱的。”

我看到自己并未惴惴不安，倒有点得意起来——大概是因为有伴的缘故吧。“我们不能出去遛遛吗?”我冒出了这个念头。

“行啊!”

“他们会看到咱们的。”

“他们？不可能！我们的速度比最高超的魔术还要快一千倍！从哪里出去，窗还是门？”

于是我们越窗而出。

不论是同我自己曾经遭遇过或是想象过的，还是同打别人那儿听说的经历相比，这一次我和吉本借助于“新加速剂”的神效，在福克斯顿里斯结伴而行，无疑是最奇妙、最疯狂的啦！我们穿过大门上了公路，在那里细细打量着如雕像一般的来往车辆。面前这辆游览车除了轮子上部、几条马腿、车夫的鞭梢以及那个正在打呵欠的售票员的下颚显然在动外，其余部分似乎是静止的；唯有一个人的嗓子里在发出轻微的嘎嘎声，其他一切都无声无息！要知道，在这幅“凝固”的画面中有一位车夫、一位售票员和11位乘客哪！我们在车的四周走动，开始时觉得惊奇万分，最后感到索然无味。车上的人们既和我们一样，又与我们不同，漫不经心地摆着各种姿势定格在那儿。一个姑娘和一位先生相视而笑，这种暧昧的笑容就凝结在他们的脸上；一位戴宽边软帽的妇女把手臂靠在车栏上，目光专注地凝视着吉本的房子；一位男子摸着自己的胡子，像一座蜡像；另一位伸出一只僵硬的手，手指分开着，想抓住他那松垮垮的帽子。我们盯着他们，朝他们大笑，对他们挤眉弄眼，直至感到厌烦了，才转身走到了那位正前往里斯的骑车者的面前。

“天哪！”吉本突然大叫一声，“快看！”

我顺着他指的方向，看见他的手指尖旁边正有一对翅膀缓缓地一张一合，身体在空中滑行，速度恰似一个慢慢蠕动的蜗牛——那是一只蜜蜂。

不知不觉间我们来到了里斯，这里的景象更显离奇。乐队正在台上演奏，但在我们听来，声音又低又小，时而像一声声长长的叹息，时而又如一口硕大无朋的钟走动时发出的缓慢而又沉闷的嘀答声。一些人直挺挺地站着；另外一些人在草地上散步，看上去就像一声不吭。忸怩作态的木偶正抬起腿呆立在那里。我走近一条正一跃而起的狮子狗，看着它的腿在慢慢摆动，然后落在地上。“看这边！”吉本大声嚷道。我俩就停步逗留在一位气度不凡的绅士面前。他身穿白色线条法兰绒衣服，脚蹬白鞋子，头戴巴拿马草帽，正转身朝两位擦肩而过的、衣着鲜艳的姑娘眨眼。我们尽可能仔细地观察着，发现眨眼一点也不雅观，倒实在令人生厌！有人说正在眨动的眼睛并不完全闭合，低垂的眼睑下可以看到眼珠子的下部和一丝眼白。“愿上帝提醒我，”我有感而发，“以后再也不愿眨眼啦！”

“也不想微笑了。”吉本接过话头，他刚好瞧见回眸一笑的姑娘那副龇牙咧嘴的样子。

“实在太热了，”我说，“走慢点吧。”

“哎呀，快点！”吉本催促道。

我们穿行在轮椅中间。坐在轮椅上的许多人看上去懒洋洋的，没有什么特别，只是那些乐队队员穿着的鲜红衣服有点刺眼。一位紫脸膛的先生正在用力展开被风吹起的报纸而僵在那里；很显然，正有一股强劲的风吹拂着这些慢条斯理的人们，而我们却丝毫感觉不到。我们走出人群，然后回过头来注视着。看到所有的人都呆在那里，好像突然间受到了打击，变成了一尊尊蜡像，那种感觉并不美妙。可笑的是，我却莫名其妙地洋洋自得，心头有种优越感。多么神奇呀！自从药物在我的血液里产生作用后，我说了这么多，想了这么多，又做了这么多，但对于那些人来说，对于整个世界来说，这仅仅是一眨眼的工夫啊！

"'新加速剂'——"我刚一开口，就被吉本打断了。

"看那个可恶的老妇人！"他说道。

"她是谁?"

"就住在我隔壁，"吉本回答，"她那条卷毛狗总是狂吠不止。天哪！我实在忍不住了！"

有时候，吉本就像小孩子一样鲁莽冲动。我刚想阻止，他已一个箭步冲了过去，神不知鬼不觉地一把抓起那可怜的动物，随即便朝里斯山的悬崖飞奔。令人惊讶的是，那小狗既不叫，又不动，像被施了催眠术一般。吉本提着它的脖子奔跑着，犹如提着一条木头狗。"吉本！"我大声喊道，"快放下！如果再跑的话，你的衣服要着起来啦！你看，亚麻布裤子已经烧焦了！"

他用手拍打着大腿，站在悬崖边上犹豫不决。"吉本，"我已追了上来，上气不接下气地对他说，"把狗放下。实在太热啦！是我们在飞奔的缘故！每秒二到三英里呢！与空气产生了摩擦！"

"什么?"他边问边瞟了狗一眼。

"与空气产生了摩擦！"我大声说道。"跑得太快，简直像陨石。太热了。哎呀，吉本！我浑身刺痛，汗流浃背。你看，那些人开始动弹了。我敢肯定是药性快过了！把狗放了吧！"

"你说什么?"他似乎还没回过神来。

"药性快过了，"我重复道，"热得受不了啦！药性也快过了。我浑身都湿透了！"

他注视着我，然后把视线转向乐队，原先那哈哧哈哧的演奏声明显变得急促起来。突然，只见他手臂用力一扬，那狗便如陀螺一般飞向空中，依旧毫无生气，最后挂在一堆阳伞上面，一大群人正在底下谈笑风生。吉本一把拽住我的胳膊。"啊呀！"他失声叫道。"你说得对！我感到一阵灼痛。是啊，看得出那个男子正在挥动手帕。我们得赶快走！"

可是为时已晚了。也许是上帝保佑，因为我们再疾奔的话，毫无疑问会变成火人，而咱俩谁也不会想到这一点……幸运的是，我们还没抬脚，药性已过了。弹指一挥间，“新加速剂”的作用便烟消云散。我听到吉本惊慌失措地说“坐下！”便“扑通”一声坐在里斯山崖边的草地上—— 在我坐过的地方，现在还能看到一片烧焦的草皮。就在那时候，似乎一切都苏醒过来了，乐队发出的断断续续的声音顷刻间汇成了一片嘹亮的音乐；散步者的脚落到了地面，开始行走；报纸和旗帜在风中猎猎作响；无言的微笑变成了高声交谈；眨眼者恢复了常态，心满意足地继续前行；坐着的人们也开始动弹、讲话。

整个世界又有了生气，以与我们一样的节奏运行着；或者更确切地说，我们的节奏现在又同世界一致了，犹如一辆进站的火车，逐渐放慢了速度。在一刹那间，我只感到天旋地转，头晕目眩，那条被吉本甩出去的狗似乎在空中滞留了片刻，现在正以极大的加速度径直穿过一位姑娘的阳伞，“叭”地一声掉在地上！

我们还算平安无事。只有一位坐在轮椅上的胖胖的老先生看到我们时，显然惊骇不已，并不时地用黑黑的眼珠子狐疑地打量着，最后又对身旁的护士嘀咕了些什么。除他之外，我看再也没人注意到我们骤然而至。扑通！我们的出现肯定很突然。身上立刻不再闷烧，可我屁股底下的草皮却烫得灼人。当时两个人的注意力都被那惊人的事实及随之而起的喧闹声所吸引——包括“娱乐协会”的乐队，演奏着的音乐竟然破天荒地走了调——一条体面的、喂饱了的狗原来好端端地躺在演奏台的东面，这时会突然在两边穿过一位姑娘的阳伞从天而降，身上带着由于在空气中急速掠过而被灼伤的痕迹！在那可笑的年代，大家对通灵术深信不疑，并沉溺于愚蠢而迷信的观念之中，所以猝不及防的人们纷纷起身，相互践踏，椅子被撞得东倒西歪，就连里斯的警察亦落荒而逃。这场闹剧最终如何收场，我不得而知——我们当时急于脱身，并躲开那位轮椅上的老先生的视线。当身体冷却下来、头脑完全清醒时，我们马上站了起来，绕开人群，沿着曼彻坡下面的道路向吉本的房子走去。在一片喧嚣声中，我清楚地听到坐在那位突遭不幸的姑娘旁边的先生口气强硬地对其中一位帽子上印有“监护”字样的护理人员叫嚷着：“如果这条狗不是你扔的，那是谁扔的？”

由于一切都突然复原了，再加上我们自己惊魂未定（衣服还烫得要命，吉本那条白裤子的大腿前部已是焦黄一片），所以本想细细察看的念头只能放弃了。事实上，在归途中我未做任何有科学价值的观察。那蜜蜂自然已无影无踪了；当我们到桑盖特北路时，那个骑车者也已不知去向，或许是汇入了车流之中；至于那辆飞速行驶的游览车，正载着手舞足蹈的人们向前，快驶过附近的教堂了。

另外，我们还注意到，刚才出去时踩过的窗台有烧焦的痕迹，而留在鹅卵石小径上的脚印也显得特别深。

以上就是我首次服用“新加速剂”后的经历。我们那时的一举一动、一言一行都是在实际时间的一秒钟左右的“间隙”里完成的。乐队大概只演奏了两小节音乐，我们却已度过了半小时时间，所以在我们看来，周围的世界仿佛已停滞不前，能够对它进行从容不迫的观察。回想当时的一切，特别是我们冒冒失失地从房子里出来，事情的结果很有可能会更糟。由此可见，真正地要使这种药成为受人控制的有用之物，吉本还需作进一步的摸索。当然，它的实际效果已是确凿无疑了。

自从那次“历险”之后，吉本一直在埋头研究，并已逐渐使得此药的使用能够受人控制了。我在他的指导下，又几次定量地服用过，没有任何不良反应。不过我得承认，在药性未过时我再也没有贸然外出过。顺便说一下，我写这篇小说是一气呵成的，其间除了自己吃些巧克力外未受任何外界打搅。我于6点25分开始动笔，而现在手表的指针刚过半点。若能在挤满各种约会的一天里确保一段较长的时间内不受干扰地沉浸于手头的工作，那实在是太难得啦！眼下吉本正在对此药进行剂量方面的研究，因为考虑到不同体质的人服用后会产生不同的效果。另外，他还希望找到一种“减速剂”。顾名思义，这种药的作用当然与“加速剂”恰好相反，用以降低后者的高强度药效；而单独使用时，能使服药者感到通常的几小时时间转瞬即逝，从而使他在精神亢奋或怒不可遏时依然做到镇定自若，不慌不忙。这两种药物必定会给人类的文明生活带来全面的变革，成为我们逐渐挣脱卡莱尔所称的“时间外衣”之束缚的起点。“加速剂”确保我们随时随地能全神贯注、全力以赴，而“减速剂”则使我们沉着冷静地度过艰难沉闷的时光。对于“减速剂”我也许过于乐观了一些，它毕竟还是子虚乌有的东西，至于“加速剂”，却是不容置疑的。几个月以后，它就会在市场上露面，成为一种受人控制的、简便易服的神药。药商和药剂师们能随时买到装在绿色小瓶里的此药，虽价格不菲，但物有所值，因为它具有奇异的作用。吉本希望这种“吉氏神经加速剂”能以三种不同的药效供应市场：两百倍、九百倍及两千倍，分别贴上黄色、粉红和白色标签加以区别。

毫无疑问，它的使用会产生一系列的奇迹。当然，其中最引人注目的将是犯罪分子可以躲进时间的“空隙”作案而能逍遥法外。同其他有效的药物一样，它极有可能被滥用。我们已经非常细致地探讨了这方面的问题，并且认为这纯粹属于法医学的范畴，与我们毫无关系。我们将制造、出售“加速剂”，至于后果呢，也将拭目以待。

单元思考题

1. 星际移民、人机交互、人工智能、基因移植，这些都是科幻永不落伍的题材。然而，仅仅是题材的前沿，并不会使一部科幻作品拥有强大的生命力。通过阅读本单元中不同时代、不同文化所产生的科幻经典作品，你认为科幻文学的灵魂是什么？

2. 有人说，没有人文的科学是可怕的，没有科学的人文是无力的。请你结合对本单元作品的阅读，谈谈对这句话的认识。

3. 进入21世纪以来，原本以文字为媒介的科幻日益和漫画、电影、动画和游戏等新媒体结合，向着更广大的受众群体辐射。结合自己的阅读、观影等体验，在课堂上与大家一起讨论“最值得阅读或观看的科幻作品”这一议题。

第七单元　中国的侠士与西方的骑士

导语

不论是东方的武侠小说，还是西方的骑士文学，都可以理解成是身处纷繁尘网中的世人对于某种价值理想或精神境界的追求和向往。而由于东西方历史文化的差异，这两种类型文学又表现出种种不同来。

武侠小说在中国文化长河中渊源已久，是中国旧通俗小说的一种重要类型，多以侠客和义士为主人公，描写他们身怀绝技、行侠仗义、快意恩仇、劫富济贫甚至叛逆造反等行为。

骑士文学盛行于中世纪的西欧，主题是反映封建骑士阶层的生活理想，即为捍卫爱情、荣誉或宗教而显示出的冒险的游侠精神。骑士精神作为骑士文学的精神内核，对现代欧洲的民族性格的塑造起过极其重要的作用。

选文

一、白马篇[①]

题解：本诗作者曹植（192－232），字子建，沛国谯人（今安徽亳县）人。魏武帝曹操第四子，建安文学的代表人物之一与集大成者。其代表作有《洛神赋》《白马篇》《七哀诗》等。后人因其文学上的造诣而将他与曹操、曹丕合称为“三曹”。本诗描写了边塞游侠捐躯赴难、奋不顾身的英勇行为，塑造了一位武艺高超、渴望卫国立功的游侠少年形象，表达了诗人建功立业的强烈愿望。

白马饰金羁，连翩西北驰。借问谁家子？幽并游侠儿。少小去乡邑，扬声沙漠垂。宿昔秉良弓，楛矢何参差。控弦破左的，右发摧月支。仰手接飞猱，俯身散马

① 曹植.曹植集[M].上海：上海古籍出版社，2019.

蹄。狡捷过猴猨，勇剽若豹螭。边城多警急，虏骑数迁移。羽檄从北来，厉马登高堤。右驱蹈匈奴，左顾陵鲜卑。寄身锋刃端，性命安可怀？父母且不顾，何言子与妻。名编壮士籍，不得中顾私。捐躯赴国难，视死忽如归。

二、刺客列传（节选）①

题解：本文作者司马迁（前145—?），字子长，左冯翊夏阳（今陕西韩城）人。西汉著名的史学家、文学家。其代表作《史记》被鲁迅誉为“史家之绝唱，无韵之离骚”。两千多年来，司马迁及其《史记》始终受到国内外学者的重视，研究成果可谓汗牛充栋，逐渐形成了一门历久弥新的学科——“史记学”。《刺客列传》为《史记》卷八十六。全文五千多字，共写了曹沫、专诸、豫让、聂政、荆轲五个人的经历。本文节选了其中“荆轲刺秦王”的故事。其主要情节围绕一个“刺”字展开，故事波澜起伏，惊心动魄，人物性格鲜明。

荆轲者，卫人也。其先乃齐人。徙于卫，卫人谓之庆卿；而之燕，燕人谓之荆卿。

荆卿好读书击剑，以术说卫元君，卫元君不用。其后秦伐魏，置东郡，徙卫元君之支属于野王。

荆轲尝游过榆次，与盖聂论剑，盖聂怒而目之。荆轲出，人或言复召荆卿，盖聂曰：“曩者吾与论剑有不称者，吾目之；试往，是宜去，不敢留。”使使往之主人，荆卿则已驾而去榆次矣。使者还报，盖聂曰：“固去也，吾曩者目摄之！”

荆轲游于邯郸，鲁句践与荆轲博，争道，鲁句践怒而叱之，荆轲嘿而逃去，遂不复会。

荆轲既至燕，爱燕之狗屠及善击筑者高渐离。荆轲嗜酒，日与狗屠及高渐离饮于燕市，酒酣以往，高渐离击筑，荆轲和而歌于市中，相乐也，已而相泣，旁若无人者。荆轲虽游于酒人乎，然其为人沉深好书，其所游诸侯，尽与其贤豪长者相结。其之燕，燕之处士田光先生亦善待之，知其非庸人也。

居顷之，会燕太子丹质秦亡归燕。燕太子丹者，故尝质于赵，而秦王政生于赵，其少时与丹欢。及政立为秦王，而丹质于秦，秦王之遇燕太子丹不善，故丹怨而亡归。归而求为报秦王者，国小，力不能。其后秦日出兵山东以伐齐、楚、三晋，稍蚕食诸侯，且至于燕。燕君臣皆恐祸之至。太子丹患之，问其傅鞠武。武对曰：“秦地遍天下，威胁韩、魏、赵氏，北有甘泉、谷口之固，南有泾、渭之沃，

① 司马迁.史记[M].长沙:岳麓书社,1988.

擅巴、汉之饶，右陇、蜀之山，左关、崤之险，民众而士厉，兵革有馀。意有所出，则长城之南，易水之北，未有所定也。奈何以见陵之怨，欲批其逆鳞哉！”丹曰：“然则何由？”对曰：“请入图之。”

居有间，秦将樊於期得罪于秦王，亡之燕，太子受而舍之。鞠武谏曰：“不可。夫以秦王之暴而积怒于燕，足为寒心，又况闻樊将军之所在乎？是谓‘委肉当饿虎之蹊’也，祸必不振矣！虽有管、晏，不能为之谋也。愿太子疾遣樊将军入匈奴以灭口，请西约三晋，南连齐、楚，北购于单于，其后乃可图也。”太子曰：“太傅之计，旷日弥久，心惛然，恐不能须臾。且非独于此也，夫樊将军穷困于天下，归身于丹，丹终不以迫于强秦而弃所哀怜之交，置之匈奴，是固丹命卒之时也，愿太傅更虑之。”鞠武曰：“夫行危欲求安，造祸而求福，计浅而怨深，连结一人之后交，不顾国家之大害，此谓‘资怨而助祸’矣。夫以鸿毛燎于炉炭之上，必无事矣。且以雕鸷之秦，行怨暴之怒，岂足道哉！燕有田光先生，其为人智深而勇沉，可与谋。”太子曰：“愿因太傅而得交于田先生，可乎？”鞠武曰：“敬诺。”出见田先生，道：“太子愿图国事于先生也”。田光曰：“敬奉教。”乃造焉。

太子逢迎，却行为导，跪而蔽席。田光坐定，左右无人，太子避席而请曰：“燕秦不两立，愿先生留意也。”田光曰：“臣闻骐骥盛壮之时，一日而驰千里，至其衰老，驽马先之。今太子闻光盛壮之时，不知臣精已消亡矣。虽然，光不敢以图国事，所善荆卿可使也。”太子曰：“愿因先生得结交于荆卿，可乎？”田光曰：“敬诺。”即起，趋出。太子送至门，戒曰：“丹所报，先生所言者，国之大事也，愿先生勿泄也！”田光俯而笑曰：“诺。”偻行见荆卿曰：“光与子相善，燕国莫不知；今太子闻光壮盛之时，不知吾形已不逮也，幸而教之曰：‘燕、秦不两立，愿先生留意也’，光窃不自外，言足下于太子也，愿足下过太子于宫。”荆轲曰：“谨奉教。”田光曰：“吾闻之，长者为行，不使人疑之，今太子告光曰：‘所言者，国之大事也，愿先生勿泄’，是太子疑光也。夫为行而使人疑之，非节侠也。”欲自杀以激荆卿，曰：“愿足下急过太子，言光已死，明不言也。”因遂自刎而死。

荆轲遂见太子，言田光已死，致光之言。太子再拜而跪，膝行流涕，有顷而后言曰：“丹所以诫田先生毋言者，欲以成大事之谋也。今田先生以死明不言，岂丹之心哉！”荆轲坐定，太子避席顿首曰：“田先生不知丹之不肖，使得至前，敢有所道，此天之所以哀燕而不弃其孤也。今秦有贪利之心，而欲不可足也，非尽天下之地，臣海内之王者，其意不厌。今秦已虏韩王，尽纳其地，又举兵南伐楚，北临赵；王翦将数十万之众距漳、邺，而李信出太原、云中。赵不能支秦，必入臣，入臣则祸至燕。燕小弱，数困于兵，今计举国不足以当秦。诸侯服秦，莫敢合从。丹之私计愚，以为诚得天下之勇士使于秦，窥以重利，秦王贪，其势必得所愿矣。诚得劫秦王，使悉反诸侯侵地，若曹沫之与齐桓公，则大善矣。则不可，因而刺杀之。彼秦大将擅兵于外而内有乱，则君臣相疑，以其间诸侯得合从，其破秦必矣。此丹之上愿，而不知所委命，唯荆卿留意焉。”久之，荆轲曰：“此国之大事也，臣驽下，恐不足任使。”太子前顿首，固请毋让，然后许诺。于是尊荆轲为上卿，舍上舍，太子日造门下，供太牢具，异物间进，车骑美女恣荆轲所欲，以顺适其意。

久之，荆轲未有行意。秦将王翦破赵，虏赵王，尽收入其地，进兵北略地至燕南界。太子丹恐惧，乃请荆轲曰：“秦兵旦暮渡易水，则虽欲长侍足下，岂可得哉!”荆轲曰：“微太子言，臣愿谒之，今行而毋信，则秦未可亲也。夫樊将军，秦王购之金千斤，邑万家。诚得樊将军首与燕督亢之地图，奉献秦王，秦王必说见臣，臣乃得有以报。”太子曰：“樊将军穷困来归丹，丹不忍以己之私而伤长者之意，愿足下更虑之。”

荆轲知太子不忍，乃遂私见樊於期曰：“秦之遇将军可谓深矣，父母宗族皆为戮没，今闻购将军首金千斤，邑万家，将奈何?”於期仰天太息，流涕曰：“於期每念之，常痛于骨髓，顾计不知所出耳。”荆轲曰：“今有一言可以解燕国之患，报将军之仇者，何如?”於期乃前曰：“为之奈何?”荆轲曰：“愿得将军之首以献秦王，秦王必喜而见臣。臣左手把其袖，右手揕其胸；然则将军之仇报而燕见陵之愧除矣。将军岂有意乎?”樊於期偏袒扼腕而进曰：“此臣之日夜切齿腐心也，乃今得闻教!”遂自刭。太子闻之，驰往，伏尸而哭，极哀。既已不可奈何，乃遂盛樊於期首函封之。

于是太子豫求天下之利匕首，得赵人徐夫人匕首，取之百金。使工以药焠之，以试人，血濡缕，人无不立死者。乃装为遣荆卿。燕国有勇士秦舞阳，年十三，杀人，人不敢忤视，乃令秦舞阳为副。荆轲有所待，欲与俱；其人居远未来，而为治行。顷之，未发，太子迟之，疑其改悔，乃复请曰：“日已尽矣，荆卿岂有意哉?丹请得先遣秦舞阳。”荆轲怒，叱太子曰：“何太子之遣?往而不反者，竖子也。且提一匕首入不测之强秦，仆所以留者，待吾客与俱。今太子迟之，请辞决矣。”遂发。

太子及宾客知其事者，皆白衣冠以送之。至易水之上，既祖，取道，高渐离击筑，荆轲和而歌，为变徵之声，士皆垂泪涕泣。又前而歌曰：“风萧萧兮易水寒，壮士一去兮不复还。”复为羽声慷慨，士皆瞋目，发尽上指冠。于是荆轲就车而去，终已不顾。

遂至秦，持千金之资币物，厚遗秦王宠臣中庶子蒙嘉。嘉为先言于秦王曰：“燕王诚振怖大王之威，不敢举兵以逆军吏，愿举国为内臣，比诸侯之列，给贡职如郡县，而得奉守先王之宗庙。恐惧不敢自陈，谨斩樊於期之头，及献燕督亢之地图，函封，燕王拜送于庭，使使以闻大王。唯大王命之。”秦王闻之，大喜，乃朝服，设九宾，见燕使者咸阳宫。

荆轲奉樊於期头函，而秦舞阳奉地图匣，以次进。至陛，秦舞阳色变振恐，群臣怪之。荆轲顾笑舞阳，前谢曰：“北蕃蛮夷之鄙人，未尝见天子，故振慑，愿大王少假借之，使得毕使于前。”秦王谓轲曰：“取舞阳所持地图。”轲既取图奏之秦王，发图，图穷而匕首见，因左手把秦王之袖，而右手持匕首揕之。未至身，秦王惊，自引而起，袖绝；拔剑，剑长，操其室，时惶急，剑坚，故不可立拔。荆轲逐秦王，秦王环柱而走。群臣皆愕，卒起不意，尽失其度。而秦法，群臣侍殿上者不得持尺寸之兵；诸郎中执兵皆陈殿下，非有诏召不得上。方急时，不及召下兵。以故荆轲乃逐秦王。而卒惶急，无以击轲，而以手共搏之。是时侍医夏无且以其所奉药囊提荆轲也。秦王方环柱走，卒惶急，不知所为，左右乃曰：“王负剑！”负剑，遂拔以击荆轲，断其左股。荆轲废，乃引其匕首以擿秦王，不中，中铜柱。秦王复击轲，轲被八创。轲自知事不就，倚柱而笑，箕踞以骂曰：“事所以不成者，以欲生劫之，必得约契以报太子也。”

于是左右既前杀轲，秦王不怡者良久。已而论功赏群臣及当坐者各有差，而赐夏无且黄金二百溢，曰：“无且爱我，乃以药囊提荆轲也。”

于是，秦王大怒，益发兵诣赵，诏王翦军以伐燕。十月而拔蓟城，燕王喜、太子丹等尽率其精兵东保于辽东。秦将李信追击燕王急，代王嘉乃遗燕王喜书曰：“秦所以尤追燕急者，以太子丹故也。今王诚杀丹献之秦王，秦王必解，而社稷幸得血食。”其后李信追丹，丹匿衍水中，燕王乃使使斩太子丹，欲献之秦。秦复进兵攻之。后五年，秦卒灭燕，虏燕王喜。

其明年，秦并天下，立号为皇帝。于是秦逐太子丹、荆轲之客，皆亡。高渐离变名姓为人庸保，匿作于宋子。久之，作苦，闻其家堂上客击筑，彷徨不能去。每出言曰：“彼有善有不善。”从者以告其主，曰：“彼庸乃知音，窃言是非。”家丈人召使前击筑，一坐称善，赐酒。而高渐离念久隐畏约无穷时，乃退，出其装匣中筑与其善衣，更容貌而前。举坐客皆惊，下与抗礼，以为上客，使击筑而歌，客无不流涕而去者。宋子传客之。闻于秦始皇，秦始皇召见，人有识者，乃曰：“高渐离也。”秦皇帝惜其善击筑，重赦之，乃矐其目。使击筑，未尝不称善，稍益近之。高渐离乃以铅置筑中，复进得近，举筑朴秦皇帝，不中。于是遂诛高渐离，终身不复近诸侯之人。

鲁勾践已闻荆轲之刺秦王，私曰：“嗟乎，惜哉其不讲于刺剑之术也！甚矣吾不知人也！曩者吾叱之，彼乃以我为非人也！”

三、侠客行[①]

题解：本诗作者李白（701–762），字太白。长期以来，其出生地与身世聚讼纷纭，至今仍是个谜团。唐代著名诗人，有“诗仙”之美誉，与杜甫并称“李杜”。其诗风雄奇豪放，想象丰富，语言流转自然，音律和谐多变。本诗约作于唐玄宗天宝三载（744年）李白游齐州时，它既表达了诗人想干一番惊天动地大事业的个人理想，也反映了当时社会颇为盛行的游侠之风。

赵客缦胡缨，吴钩霜雪明。银鞍照白马，飒沓如流星。
十步杀一人，千里不留行。事了拂衣去，深藏身与名。
闲过信陵饮，脱剑膝前横。将炙啖朱亥，持觞劝侯嬴。
三杯吐然诺，五岳倒为轻。眼花耳热后，意气素霓生。
救赵挥金槌，邯郸先震惊。千秋二壮士，烜赫大梁城。
纵死侠骨香，不惭世上英。谁能书阁下，白首《太玄经》。

四、断魂枪[②]

题解：本文作者老舍（1899–1966），原名舒庆春，字舍予，出生于北京，满族。中国现代著名剧作家、小说家，代表作有《猫城记》《骆驼祥子》《四世同堂》《茶馆》等。短篇小说《断魂枪》创作于1935年，讲述了沙子龙这一武林高手改变身份当客栈老板后的境遇，铸满了作者深沉而凝重的文化情结。

“生命是闹着玩，事事显出如此，从前我这么想过，现在我懂得了。”

沙子龙的镳局已改成客栈。

东方的大梦没法子不醒了。炮声压下去马来与印度野林中的虎。半醒的人们，揉着眼，祷告着祖先与神灵；不大会儿，失去了国土、自由与主权。门外立着不同面色的人，枪口还热着。他们的长矛毒弩，花蛇斑彩的厚盾，都有什么用呢；连祖先与祖先所信的神明全不灵了啊！龙旗的中国也不再神秘，有了火车呀，穿坟过墓

① 李白.李太白全集[M].北京：中华书局，2011.此选文版式经编者改动。

② 老舍.我这一辈子：老舍中短篇小说选[M].北京：人民文学出版社，2017.此选文中的方言、用字、标点符号等均参照原版。

破坏着风水。枣红色多穗的镳旗，绿鲨皮鞘的钢刀，响着串铃的口马[①]，江湖上的智慧与黑话，义气与声名，连沙子龙，他的武艺、事业，都梦似的变成昨夜的。今天是火车、快枪，通商与恐怖。听说，有人还要杀下皇帝的头呢!

这是走镳已没有饭吃，而国术还没被革命党与教育家提倡起来的时候。

谁不晓得沙子龙是短瘦、利落、硬棒，两眼明得像霜夜的大星？可是，现在他身上放了肉。镳局改了客栈，他自己在后小院占着三间北房，大枪立在墙角，院子里有几只楼鸽。只是在夜间，他把小院的门关好，熟习熟习他的“五虎断魂枪”。这条枪与这套枪，二十年的工夫，在西北一带，给他创出来：“神枪沙子龙”五个字，没遇见过敌手。现在，这条枪与这套枪不会再替他增光显胜了；只是摸摸这凉、滑、硬而发颤的杆子，使他心中少难过一些而已。只有在夜间独自拿起枪来，才能相信自己还是“神枪沙”。在白天，他不大谈武艺与往事；他的世界已被狂风吹了走。

在他手下创练起来的少年们还时常来找他。他们大多数是没落子的，都有点武艺，可是没地方去用。有的在庙会上去卖艺：踢两趟腿，练套家伙，翻几个跟头，附带着卖点大力丸，混个三吊两吊的。有的实在闲不起了，去弄筐果子，或挑些毛豆角，赶早儿在街上论斤吆喝出去。那时候，米贱肉贱，肯卖膀子力气本来可以混个肚儿圆；他们可是不成：肚量既大，而且得吃口管事儿的[②]；干饽饽辣饼子[③]咽不下去。况且他们还时常去走会：五虎棍，开路，太狮少狮……虽然算不了什么——比起走镳来——可是到底有个机会活动活动，露露脸。是的，走会捧场是买脸的事，他们打扮的得像个样儿，至少得有条青洋绉裤子，新漂白细市布的小褂，和一双鱼鳞洒鞋——顶好是青缎子抓地虎靴子。他们是神枪沙子龙的徒弟——虽然沙子龙并不承认——得到处露脸，走会得赔上俩钱，说不定还得打场架。没钱，上沙老师那里去求。沙老师不含糊，多少不拘，不让他们空着手儿走。可是，为打架或献技去讨教一个招数，或是请给说个“对子”——什么空手夺刀，或虎头钩进枪——沙老师有时说句笑话，马虎过去：“教什么？拿开水浇吧！”有时直接把他们赶出去。他们不大明白沙老师是怎么了，心中也有点不乐意。

可是，他们到处为沙老师吹腾，一来是愿意使人知道他们的武艺有真传授，受过高人的指教；二来是为激动沙老师：万一有人不服气而找上老师来，老师难道还不露一两手真的么？所以：沙老师一拳就砸倒了个牛！沙老师一脚把人踢到房上去，并没使多大的劲！他们谁也没见过这种事，但是说着说着，他们相信这是真的

① 口马，指张家口外的马匹。

② 管事儿的，有营养，吃了不至于不久又饿的。

③ 辣饼子，剩下的隔夜干粮。

了，有年月，有地方，千真万确，敢起誓！

王三胜——沙子龙的大伙计——在土地庙拉开了场子，摆好了家伙。抹了一鼻子茶叶末色的鼻烟，他抡了几下竹节钢鞭，把场子打大一些。放下鞭，没向四围作揖，叉着腰念了两句："脚踢天下好汉，拳打五路英雄！"向四围扫了一眼："乡亲们，王三胜不是卖艺的；玩艺儿会几套，西北路上走过镖，会过绿林中的朋友。现在闲着没事，拉个场子陪诸位玩玩。有爱练的尽管下来，王三胜以武会友，有赏脸的，我陪着。神枪沙子龙是我的师傅；玩艺地道！诸位，有愿下来的没有？"他看着，准知道没人敢下来，他的话硬，可是那条钢鞭更硬，十八斤重。

王三胜，大个子，一脸横肉，努着对大黑眼珠，看着四围。大家不出声。他脱了小褂，紧了紧深月白色的"腰里硬"，把肚子杀进去。给手心一口唾沫，抄起大刀来：

"诸位，王三胜先练趟瞧瞧。不白练，练完了，带着的扔几个；没钱，给喊个好，助助威。这儿没生意口。好，上眼[1]！"

大刀靠了身，眼珠努出多高，脸上绷紧，胸脯子鼓出，像两块老桦木根子。一跺脚,刀横起，大红缨子在肩前摆动。削砍劈拨，蹲越闪转，手起风生，忽忽直响。忽然刀在右手心上旋转，身弯下去，四围鸦雀无声，只有缨铃轻叫。刀顺过来，猛的一个"跺泥"，身子直挺，比众人高着一头，黑塔似的。收了势："诸位！"一手持刀，一手叉腰，看着四围。稀稀的扔下几个铜钱，他点点头。"诸位！"他等着，等着，地上依旧是那几个亮而削薄的铜钱，外层的人偷偷散去。他咽了口气："没人懂！"他低声地说，可是大家全听见了。

"有功夫！"西北角上一个黄胡子老头儿答了话。

"啊？"王三胜好似没听明白。

"我说：你——有——功——夫！"老头子的语气很不得人心。

放下大刀，王三胜随着大家的头往西北看。谁也没看重这个老人：小干巴个儿，披着件粗蓝布大衫，脸上窝窝瘪瘪，眼陷进去很深，嘴上几根细黄胡，肩上扛着条小黄草辫子，有筷子那么细，而绝对不像筷子那么直顺。王三胜可是看出这老家伙有功夫，脑门亮，眼睛亮——眼眶虽深，眼珠可黑得像两口小井，深深的闪着黑光。王三胜不怕：他看得出别人有功夫没有，可更相信自己的本事，他是沙子龙手下的大将。

"下来玩玩，大叔！"王三胜说得很得体。

点点头，老头儿往里走。这一走，四外全笑了。他的胳臂不大动；左脚往前

---

① 上眼，请观众注意看。

迈，右脚随着拉上来，一步步的往前拉扯，身子整着[①]，像是患过瘫痪病。蹭到场中，把大衫扔在地上，一点没理会四围怎样笑他。

“神枪沙子龙的徒弟，你说？好，让你使枪吧；我呢？”老头子非常的干脆，很像久想动手。

人们全回来了，邻场耍狗熊的无论怎么敲锣也不中用了。

“三截棍进枪吧？”王三胜要看老头子一手，三截棍不是随便就拿得起来的家伙。

老头子又点点头，拾起家伙来。

王三胜努着眼，抖着枪，脸上十分难看。

老头子的黑眼珠更深更小了，像两个香火头，随着面前的枪尖儿转，王三胜忽然觉得不舒服，那俩黑眼珠似乎要把枪尖吸进去！四外已围得风雨不透，大家都觉出老头子确是有威。为躲那对眼睛，王三耍了个枪花。老头子的黄胡子一动：“请！”王三胜一扣枪，向前躬步，枪尖奔了老头子的喉头去，枪缨打了一个红旋。老人的身子忽然活展了，将身微偏，让过枪尖，前把一挂，后把撩王三胜的手。拍，拍，两响，王三胜的枪撒了手。场外叫了好。王三胜连脸带胸口全紫了，抄起枪来：一个花子，连枪带人滚了过来，枪尖奔了老人的中部。老头子的眼亮得发着黑光；腿轻轻一屈，下把掩裆，上把打着刚要抽回的枪杆；拍，枪又落在地上。

场外又是一片彩声。王三胜流了汗，不再去拾枪，努着眼，木在那里。老头子扔下家伙，拾起大衫，还是拉拉着腿，可是走得很快了，大衫搭在臂上，他过来拍了王三胜一下：“还得练哪，伙计！”

“别走！”王三胜擦着汗：“你不离，姓王的服了！可有一样，你敢会会沙老师？”

“就是为会他才来的！”老头子的干巴脸上皱起点来，似乎是笑呢。“走；收了吧；晚饭我请！”

王三胜把兵器拢在一处，寄放在变戏法二麻子那里，陪着老头子往庙外走。后面跟着不少人，他把他们骂散了。

“你老贵姓？”他问。

“姓孙哪，”老头子的话与人一样，都那么干巴。“爱练；久想会会沙子龙。”

沙子龙不把你打扁了！王三胜心里说。他脚底下加了劲，可是没把孙老头落下，他看出来，老头子的腿是老走着查拳门中的连跳步；交起手来，必定很快。但是，无论他怎么快，沙子龙是没对手的。准知道孙老头要吃亏，他心中痛快了些，

① 身子整着，两臂不动，身子僵硬地走路。

放慢了些脚步。

“孙大叔贵处?”

“河间的，小地方。”孙老者也和气了些：“月棍年刀一辈子枪，不容易见功夫！说真的，你那两手就不坏!”

王三胜头上的汗又回来了，没言语。

到了客栈，他心中直跳，惟恐沙老师不在家，他急于报仇。他知道老师不爱管这种事，师弟们已碰过不少回钉子，可是他相信这回必定行，他是大伙计，不比那些毛孩子；再说，人家在庙会上点名叫阵，沙老师还能丢这个脸么?

“三胜，”沙子龙正在床上看着本《封神榜》，“有事吗？"

三胜的脸又紫了，嘴唇动着，说不出话来。

沙子龙坐起来，“怎么了，三胜?”

“栽了跟头！"

只打了个不甚长的哈欠，沙老师没别的表示。

王三胜心中不平，但是不敢发作；他得激动老师：“姓孙的一个老头儿，门外等着老师呢；把我的枪，枪，打掉了两次!”他知道“枪”字在老师心中有多大分量。没等吩咐，他慌忙跑出去。

客人进来，沙子龙在外间屋等着呢。彼此拱手坐下，他叫三胜去泡茶。三胜希望两个老人立刻交了手，可是不能不沏茶去。孙老者没话讲，用深藏着的眼睛打量沙子龙。沙很客气：

“要是三胜得罪了你，不用理他，年纪还轻。”

孙老者有些失望，可也看出沙子龙的精明。他不知怎样好了，不能拿一个人的精明断定他的武艺。“我来领教领教枪法!”他不由地说出来。

沙子龙没接碴儿。王三胜提着茶壶走进来——急于看二人动手，他没管水开了没有，就沏在壶中。

“三胜，”沙子龙拿起个茶碗来，“去找小顺们去，天汇见，陪孙老者吃饭。”

“什么!”王三胜的眼珠几乎掉出来。看了看沙老师的脸，他敢怒而不敢言地说了声“是啦!”走出去，撅着大嘴。

“教徒弟不易!”孙老者说。

“我没收过徒弟。走吧，这个水不开！茶馆去喝，喝饿了就吃。沙子龙从桌子上拿起缎子褡链，一头装着鼻烟壶，一头装着点钱，挂在腰带上。

“不，我还不饿!”孙老者很坚决，两个“不”字把小辫从肩上抡到后边去。

“说会子话儿。”

“我来为领教领教枪法。”

“功夫早搁下了，”沙子龙指着身上，“已经放了肉！”

“这么办也行，”孙老者深深的看了沙老师一眼：“不比武，教给我那趟五虎断魂枪。”

“五虎断魂枪？”沙子龙笑了：“早忘干净了！早忘干净了！告诉你，在我这儿住几天，咱们各处逛逛，临走，多少送点盘川。”

“我不逛，也用不着钱，我来学艺！”孙老者立起来，“我练趟给你看看，看够得上学艺不够！”一屈腰已到了院中，把楼鸽都吓飞起去。拉开架子，他打了趟查拳：腿快，手飘洒，一个飞脚起去，小辫儿飘在空中，像从天上落下来一个风筝；快之中，每个架子都摆得稳、准，利落；来回六趟，把院子满都打倒，走得圆，接得紧，身子在一处，而精神贯串到四面八方。抱拳收势，身儿缩紧，好似满院乱飞的燕子忽然归了巢。

“好！好！”沙子龙在台阶上点着头喊。

“教给我那趟枪！”孙老者抱了抱拳。

沙子龙下了台阶，也抱着拳：“孙老者，说真的吧；那条枪和那套枪都跟我入棺材，一齐入棺材！”

“不传？”

“不传!”

孙老者的胡子嘴动了半天，没说出什么来。到屋里抄起蓝布大衫，拉拉着腿：“打搅了，再会！”

“吃过饭走！”沙子龙说。

孙老者没言语。

沙子龙把客人送到小门，然后回到屋中，对着墙角立着的大枪点了点头。

他独自上了天汇，怕是王三胜们在那里等着。他们都没有去。

王三胜和小顺们都不敢再到土地庙去卖艺，大家谁也不再为沙子龙吹胜；反之，他们说沙子龙栽了跟头，不敢和个老头儿动手；那个老头子一脚能踢死个牛。不要说王三胜输给他，沙子龙也不是他的“个儿”。不过呢，王三胜到底和老头子见了个高低，而沙子龙连句硬话也没敢说。“神枪沙子龙”慢慢似乎被人们忘了。

夜静人稀，沙子龙关好了小门，一气把六十四枪刺下来；而后，拄着枪，望着天上的群星，想起当年在野店荒林的威风。叹一口气，用手指慢慢摸着凉滑的枪身，又微微一笑，“不传！不传！”

五、堂吉诃德(节选)[①]

题解：《堂吉诃德》作者是米盖尔·德·塞万提斯（Miguel de Cervantes Saave-dra，1547—1616），文艺复兴时期西班牙杰出的小说家、剧作家、诗人。《堂吉诃德》被称为西方文学史上的第一部现代小说。这是一部长篇反骑士小说。故事发生时，骑士早已绝迹一个多世纪，但主角阿隆索·吉哈诺（堂吉诃德原名）却因为沉迷于骑士小说，时常幻想自己是个中世纪骑士，进而自封为“堂吉诃德·德·拉曼恰”（德·拉曼恰地区的守护者），拉着邻居桑丘·潘沙做自己的仆人，行侠仗义、游走天下，作出了种种与时代相悖、令人匪夷所思的行径，结果四处碰壁。堂吉诃德三次出游的故事都有一个共同的象征范式，即对“荒谬”的哲学追问。

堂吉诃德带着侍从桑丘来到了郊野上，他们望见不远处有几十架风车。

堂吉诃德对他的侍从桑丘说：“我的朋友，前面出现了几十个巨人，我要去和他们决斗，我要打败他们，这是一场正义的决斗，我要消灭这些侵略地球的坏家伙。”

桑丘好奇地问：“巨人在哪里啊？我怎么没有看见呢？”

堂吉诃德用手指着前方说：“就是前面那些长胳膊的巨人，那些巨人的胳膊真长啊！”

桑丘听完主人的话，心里明白了，主人是把风车当成了巨人，他连忙对主人说：“我的主人，您仔细去看看，那不是长胳膊的巨人，那是风车，那些看起来像胳膊似的东西，那是风车的翅膀，风吹动了风车的翅膀，风车就会转起来。”

堂吉诃德说：“你根本不懂得冒险，他们就是巨人。你是心里害怕吗？如果你害怕，就请躲开吧，我一个人与巨人们决斗。”

堂吉诃德说完，就骑马冲了出去。

桑丘大声喊道：“主人，它们不是巨人，只是风车，您要去和风车决斗吗？”

堂吉诃德根本不搭理桑丘，他也听不到桑丘的叫喊，只想着向风车冲去，嘴里不停叫嚷着：“你们不要跑！单枪匹马的骑士来了！我要和你们决斗！”

此时，一阵大风吹来，风车的翅翼转动了起来。

堂吉诃德马上说：“即使你们的胳膊有一百条，我也要和你们决斗到底。”

堂吉诃德说完，开始祷告：“希望杜尔西内娅小姐保佑我。”

① 米盖尔·德·塞万提斯. 堂吉诃德[M]. 杨绛,译. 北京：人民文学出版社，1987. 此选文经编者缩写.

堂吉诃德祷告完毕，拿起盾牌护住自己的身体，手握长枪，催动“驽骍难得”向第一架风车冲了过去，他的枪很准，一枪就扎进了风车的翅膀里面；风车转得正欢，长枪被风车折断了，把堂吉诃德从“驽骍难得”的背上摔了下去，堂吉诃德被风车掀翻在地，非常狼狈。

桑丘赶忙骑着毛驴来救他的主人，他跑到堂吉诃德的面前，发现堂吉诃德躺在地上不能动弹了，看来摔得很厉害。

桑丘说：“天啊！我跟您说了多少次，那是风车，不是巨人，您非要与风车决斗，摔伤了是吗？”

堂吉诃德说：“别说了，决斗有胜利就有失败，这很正常的。看来，那位魔法师不但抢走了我的书房，还把巨人变成了风车，不管如何，他的邪恶都无法抵挡得住我锋利的宝剑。”

桑丘赶忙扶起堂吉诃德，他又骑上了马。他们向拉比塞峡口的大道走去。按照堂吉诃德的想法，那地方有很多人来往，一定会遇到很多奇遇的。可是，堂吉诃德一想到自己的长枪被折断了，心里就很难过，他对侍从桑丘说：“我读过一本骑士书，有位西班牙骑士在一次打仗中，他的剑断了，他就用橡树的树枝做武器，凭借这根树枝，他成了英雄。如果我在路上看见橡树，也要折下一根树枝当作武器，我要大显身手。”

桑丘说：“我的主人啊，您还是在马上把身子挪正坐稳，您要是再摔倒了，还是会疼的。”

堂吉诃德说：“游侠骑士必须遵守骑士规则，骑士规则第九条规定：骑士不论受了什么伤，都不得喊痛。”

桑丘说：“您这样说的话，我就无话可说了。说实话，我身上只要有一点儿痛，我就要哼出声来，除非游侠骑士的侍从也必须遵守这个规定。”

堂吉诃德笑了，他觉得自己的侍从傻得可爱，他对桑丘说：“骑士规定只对骑士本人适用，对骑士的侍从不适用，你想哼就哼吧！”

桑丘说：“主人，我饿了，我们该吃饭了。”

堂吉诃德不想吃饭，可桑丘想吃饭，他舒服地坐在驴背上，从褡裢袋里取出食物，慢慢地吃着，还拿起酒袋喝了几口酒。他把当总督的事情都忘记了，觉得浑身都舒畅了。

当天夜晚，他们就在树林里睡觉。堂吉诃德的枪折断了，他找来枯树枝充当枪柄，把枪头插在枯树枝上。这时候，他开始仿照骑士小说里的人物，躺在树林里彻夜不眠，想念意中人。

桑丘躺下就睡着了，一直睡到天亮。直到阳光照到他的脸上，小鸟叽叽喳喳地叫着，他仍然醒不过来。

堂吉诃德叫醒桑丘，桑丘睁开眼睛，就用手摸了一下随身携带的酒袋，觉得少了很多酒，心里开始烦恼。

堂吉诃德仍然不吃饭，他们继续赶路，直到下午三点，他们看见了山峡。

堂吉诃德看见山峡，就对桑丘说："你一定要记住，不管我遭遇多大的危险，你不要拔剑救我。如果我的对手是下等人，你可以帮助我；如果我的对手是骑士，按照骑士的规则，你不可以帮助我。想要帮助我，你必须要被授予骑士封号才行。"

桑丘回答："我的先生，我都听您的话。但是，如果我要保卫自己不受伤害，就不会管这些规则了。不管这些规则是谁制订的，都会允许受伤害的人自卫的。"

堂吉诃德说："我同意你的话。不过，如果你要帮助我同骑士决斗，那你要克制住你的脾气，明白吗？"

桑丘回答："我一定服从您的命令。"

他们正在说话，突然看见两个修士骑着骆驼过来了，两个人的脸上都带着面罩，头上还撑着伞。他们的身后紧跟着一辆马车，马车后面还有随从。车上坐着一位贵妇人，她的丈夫获得了官职要去塞维利亚等待出发，两个修士与她同路。

堂吉诃德看见这些人就对桑丘说："我们遇到奇遇了，这两个人一定是魔法师，他们抢劫了一位公主，我要开始英雄救美了。"

桑丘认出了那两个修士是圣贝尼多教会的，赶忙对堂吉诃德说："先生，他们是圣贝尼多教会的修士，马车里坐的不是公主，肯定是路过的客人。您做事千万要小心。"

堂吉诃德说："我早说过，你不懂得冒险的事情，你就在这里等着瞧吧！"

单元思考题

1. 武侠小说被誉为是"成人的童话"，甚至有人说每个人的心中都有一个仗剑天涯的武侠梦，有一个行侠仗义的江湖梦，结合你的武侠阅读或观影体验，谈谈你的理解。

2. 中国的武侠小说和西方的骑士文学既有类似之处，又有不同之点，请你结合本单元的阅读，说说两者的异同。

3. 有人说，现代社会是法治社会，不论是东方的侠客还是西方的骑士，都已经失去了存在的社会土壤和意义，请在课堂上与大家一起讨论“现代社会还需不需要侠客或骑士”这一议题。

◎视野拓展篇

一、中国人的姓名

在古代，中国人的姓名中藏着丰富的文化信息。它表示家庭的来历、门第的高低、父母的文化品位及对子女的期望；它还刻下时代的烙印，表现着不同朝代、不同历史时期命名的习惯、规则及风格。

（一）姓

我国先祖的姓产生于母系社会，所以古老的姓多从女。姓产生的原因：分亲疏，“别婚姻”，血缘关系亲密的人能够更加团结协作，并在婚嫁上有实际运用的意义。上古社会，姓一般由部落联盟长赏赐，如《史记·夏本纪》说，禹本是黄帝的玄孙，因治水有功，故“赐姓曰‘姒’，氏曰‘有夏’”。周武王立国之后，分封于鲁、晋、郑、卫、虞、虢、吴、燕等国的诸侯，皆赐以姬姓，与天子同姓。

（二）氏

氏在性质上与姓相同，姓为天子所赐，氏则为诸侯所赐，比较随意。据《通鉴·外记》记载：“姓者，统其祖考之所自出；氏者，别其子孙之所自分。”早期，姓是有共同血缘关系的种族的称号，氏是由姓衍生出来的分支的称号。如，后稷之后都姓姬，周公封于周则以周为氏，其子伯禽封于鲁则以鲁为氏；鲁桓公的三子，又分为孟孙、叔孙、季孙三氏。

到春秋时，姓氏由统治者颁赐的制度受到破坏，平民百姓也可自立姓氏，因时代久远，人们只记住氏而忘了姓，于是姓氏合一。姓氏相对稳定后，为了区别人与人之间的称呼，姓后加一名。于是，姓加名便成了汉族人姓名的固定格式。同姓的人不一定来自同一血统。中华民族的历史可以说是汉族不断同化少数民族的历史，发达的华夏文化吸引了许多少数民族成员改变自己的民族身份，将原来的姓氏改为汉族的姓氏。如，两晋时期，北方的乌桓、匈奴、羯等民族多改用张姓，而匈奴最大的部落屠各部人则大部分改用刘姓。

（三）名

姓氏是固定的，名对于家庭、个人来说，有一定的自主权。《说文·二上·口部》：“名，自命也。从口从夕。夕者，冥也。冥不相见，故以口自命。”即在氏族内，相互间说姓氏是无意义的，如同黑夜里两人相见，仍然不知道对方是谁一样。只有讲话，才能让对方从声音中辨别出自己是谁。这个声音符号就相当于“名”。在社会交往很少的情况下，人们在氏族内部仅用一个名字作自己的符号，如益、挚、象、弃、蒙、夔、桀等。等社会发展到人与人的往来超出了氏族范围的时候，姓与名就连起来称呼了。

（四）字

为了在姓名上体现家族的等级状况，一般的大家族都规定了每一辈分名字中用范字。所谓范字就是在起名时必须含有此字，外人一看此字，就能了解某人在家族中的辈分。范字分为局部范字与完全范字。

局部范字如刘琦、刘琮；完全范字如萧惠开、萧惠明、萧惠基、萧惠休。如果是一个大家族，为了防止名字重复，则每一房都制订出一套范字。如明朝初始时，朱元璋就给他二十多个儿子的后裔定了一套范字。《明王·诸王世表》说：“洪武中，太祖以子孙蕃众，命名虑有重复，乃于东宫亲王世系各拟二十字，字为一世。孙孙初生，宗人府依世次立双名，以上一字为据，其下一字则取五行偏旁者，以火、土、金、木、水为序。”后来夺取帝位的朱棣燕王府这一系，为：

高瞻祁见佑，厚载翊常由。

慈和怡伯仲，简靖迪先猷。

明代崇祯皇帝朱由检就是按照此范字命名的。由名字可知，他是朱元璋的第11代孙。现在范字已不被严格遵循，主要是由于家族观念变得淡薄与客观上人口流动性变大，聚族而居的生活方式正在迅速转变。

古人名字连着说的时候，通常先称字，后称名。古人尊对卑称名，卑自称也称名；对平辈或尊辈称字。

（五）号

号最初始于部落或部落联盟。《白虎通·号》云：“帝喾有天下，号曰高辛；颛顼有天下，号曰高阳；黄帝有天下，号曰有熊。有熊者，独宏大道德也；高阳者，阳犹明也，道德高明也；高辛者，道德大信也。”号是为了表明自己的政治理想或道德水平，以此来号召，并建立政治威望。最初的号用于帝王，后来推而广之，皇帝以下的高官显宦及王室成员也有号，如“吴王”“越王”“清河公主”“淮阴侯”等。

谥号是古代帝、后、贵族、达官贵人死后朝廷与民间根据他生前的贡献与品德，给予的一个褒贬善恶的称号。谥号有公谥（朝廷给的）、私谥（民间给的）之分。谥号制度起源很早。《史记·集解》认为尧舜禹都是谥号。秦始皇时废止了这一制度，他说：“朕闻太古有号无谥……死而以行为谥，如此，则子议父，臣议君也，甚无谓，朕弗取焉。自今已来，除谥法。”（《史记·秦始皇本纪》））到了汉朝，谥号制度又恢复起来。

一般帝王分三类：第一类是善德美行的，谥号如文、武、孝、献等；第二类是丑恶暴戾的，谥号如厉、幽、夷、炀等；第三类是忧难早夭的，谥号如隐、哀、怀等。

庙号是将帝王的牌位放进祖庙奉祀时用的号。如，刘邦：太祖高皇帝（庙号+谥号）；刘彻：世宗孝武皇帝（庙号+谥号）。

名字有心理暗示作用，因此起名是一件慎重的事情。《左传·桓公六年》讲鲁桓公生了儿子后，问申繻怎样起名字，申繻说：“名有五：有信，有义，有象，有假，有类。以名生为信，以德命为义，以类命为象，取于物为假，取于父为类。”

1. 信：根据孩子出生时的情况来定，如孩子出生于早上，可用晨、曦、霞等字为名。

2. 义：取用与道德相关的字来做名字，如仁、忠、勇、礼、毅等。

3. 象：根据孩子身体的特点来命名，如漂亮的女孩可用“丽”，头顶骨高耸可用“丘”，哭声嘹亮而婉转可用“凤鸣”。

4. 假：假借万物来命名，如“兰花”“冬梅”“雪芹”“海涛”等。

5. 类：选择与父亲有关的字眼来命名。如“明”“小明”。鲁桓公最后给儿子起的名字所据的就是“类”的原则，因为儿子与自己的生日相同，于是起名字叫“子同”。

在语言交际中要躲开那些忌讳的字眼，同时又不影响语言交际，以免让人不知所云。有时还需要在避讳语中传达出说话者喜怒哀乐、褒扬贬斥的种种情感，表现出含蓄文雅、生动有趣的交际效果。因此，从一定意义上来说，避读可以说是一种运用语言文字的艺术。人的名字本来只是一种符号，一种语言代码而已。但是，中国古人却认为名字并非一般的符号，而是具有某种超人力量的符号。他们认为，人的灵魂就附在人的名字上。进入封建社会后，人的名字在原有的迷信观念基础上，又被添上一层政治的礼教色彩，使人的名字更加具有神秘的力量。在传统中国文化中，常见的姓名避讳有以下几种：

1. 国讳：在封建社会的人名避讳中，国讳是最神圣的一种。所谓国讳，主要是避皇帝本人及其父祖之名。有的朝代，进而讳及皇帝的字号、皇后及其父祖的名和字、皇帝的陵名、皇帝的生肖、皇帝的姓以及国朝的名称等，甚至遇到与其名字相同的人名、事物名时，也统统得回避更改。触犯国讳也因此被看作是一种犯罪行为。洪迈在《容斋三笔》中谈到宋代帝王的庙讳（帝王父祖名讳）时说：“本朝尚文之习大盛，故礼官讨论，每欲其多，庙讳遂有五十字。”读书人必须把这五十字牢牢记住，一旦在文章中出现这些字，甚至音近、形似的，就一辈子做不成官了。

2. 家讳：在封建宗法制的熏陶下，父祖被视为宗族或家族血统的象征。在日常言谈或行文用字时，要求回避父祖以及所有长辈的名字。中国人的尊宗敬祖观念是根深蒂固的，人们都希望自己的家族世世代代不断延续，从而满足一种永生不灭的愿望。今天的人不会因某种食物、某种器物、某种职称的名称与父亲的名字相同，就不去吃它、不去用它、不去就任它。而在古代中国，它与闻父名必哭一样，是时有发生的事。

3. 圣讳：孔子。从宋代到清代，从皇亲国戚到平民百姓，从书面语到口语，凡遇“丘”字，人们都纷纷躲避。不仅写起来要缺一笔，或者写作“某”，或者用朱笔圈之，而且还要读成“区”（ōu）或者“休”。到了清代雍正皇帝，为了避孔子名讳，下令“丘”姓必须加一个耳朵，写作“邱”。

4. 官讳：在中国封建社会，不但要为皇帝讳，为父祖讳，为圣人讳，某人官做大了，也要为他避讳。

5. 恶人讳：秦桧。南宋秦桧留下恶名，从此以后，人们很少取名为“桧”。

二、中国古代的婚姻礼仪

古代社会非常重视婚姻关系。《周易》说：“有天地然后有万物，有万物然后有男女，有男女然后有夫妇，有夫妇然后有父子，有父子然后有君臣，有君臣然后有上下……”也就是说，所有的人伦关系，都是要从男女夫妇这一对关系开始的。所以，古人认为，婚姻是“人伦之基”，是伦理关系的基础，是万事之始，是理之根本。

婚姻二字，古代写作“昏因”。据《诗·郑风·丰》郑玄笺注：“婚姻之道，谓娶嫁之礼。”孔颖达疏曰：“男以昏时迎女，女因男而来。嫁，谓女适夫家；娶，谓男往娶女。论其男女之身谓之嫁娶，指其合好之际，谓之婚姻。”婚姻就是人类男女之间相互联系的结果。以此为线索，人类的婚姻即以全无禁例开始，逐渐增加禁例，即缩小其通婚的范围，而成为今日一夫一妻的形态。也就是，一个男子，只有一个妻子；一个女子，只有一个丈夫。

从很早时候开始，统治阶级就制定了一套体系完整的嫁娶仪式，这就是《仪礼·士昏礼》和《仪礼·昏仪》所规定的“六礼”。《仪礼》是春秋战国时期留下来的一部分礼制汇集，其“士昏礼”和“昏仪”即是嫁娶的礼仪。在汉平帝元始三年（公元三年）之后，汉平帝开始向社会全面推行。久而久之，“六礼”遂成为一种统一的、流行于上层阶级及民间的婚姻仪式，一直流传了两千多年。至清末，陕西的很多地方，婚姻嫁娶都还基本上按照“六礼”的形式进行。可以这么说，“六礼”以它顽强的“遗俗”之力，还在影响着我们当代的婚姻形式。所以，在这里我们有必要对“六礼”的基本内容做一些简略介绍。

（一）纳采

纳采。据《仪礼·士昏礼》》载：“昏礼下达，纳采用雁。”这是议婚的第一个阶段，指由男家首先请媒人（使者）带着大雁作为礼物向女家表达求婚的意向，女家应允后再请媒人（使者）送上大雁作为回礼，并正式向男家提出缔结婚姻的请求。后人俗称“说媒”。关于纳采用大雁作礼物这一仪式的含义，历来有不同的解释。有人认为，大雁这种候鸟是一种顺乎阴阳的往来，用大雁为礼，象征顺乎阴阳之意；《白虎通》则解释道：“用雁者，取其随时南北，不失其节，明不夺女子之时也；又取飞成行，止成列也，明婚娶之礼，长幼有序，不相逾越也。”意思是说，用大雁作为礼物有两种意义：其一，为不失节，不失时。雁是候鸟，秋天向南飞，而春天返回北方，来去有时，从不失信。所以大雁是男女双方守信的象征。其二，为大雁行为举止有序。大雁在迁徙飞行的时候，领头的是强壮的雁，而幼小和体弱的雁则追随其后，从不逾越。大雁的这个特性象征着嫁娶要长幼依序而行，不能越序成婚。

在纳采过程中，媒人起到了重要的沟通作用。媒人最早产生于周代。据《周礼·地官》记载，周代已设有专门负责男女婚姻的官员“媒氏”，其职责是“掌万民之判，凡男女自成名以上，皆书年、月、日、名焉。”“判”同“半”，意为男女各半，相配成婚。“媒氏”极像今天婚姻登记处的负责人。

(二)问名

问名，指的是纳采后托请媒人（使者）询问女子的生辰八字与姓名的仪式。“八字”指的是人们出生年、月、日、时的天干地支。通常的仪节，是男家派媒人（使者）到女家献雁，说明男方家的心意，女家主人则要谦称自己的“女儿很笨，又没有好的教养，既然男家要你来问名，我当然不敢辞。”媒人接着向女家主人说：“我受命来问女名，以便祷卜。”这时，女家主人在堂前两楹间把女儿名氏生庚告诉媒人，或交给媒人一份红纸写的书帖，外面加上红纸套。男方得到书帖后，将“庚柬帖子”压在灶前的香炉下，如三天内没有打破碗、甑等不吉利的事发生，则请算命先生合婚。所谓合婚，指的是通过占卜判断男女双方的属相、属命相合还是相克，吉凶如何。如果卜得吉兆，继续下一步仪式；如果卜得凶兆，双方告吹。

（三）纳吉

纳吉，就是把问名后占卜合婚的好结果通知女方的仪式。通常的仪节，女家主人要这样回答报告占卜结果的使者：“吉，就不敢辞。”据《仪礼・士昏礼》郑玄注：“归卜于庙，得吉兆，复使使者往告，婚姻之事于是定。”也就是说，到了这一阶段，双方的婚姻就已经达成了初步的协议。后世把这一阶段的仪式称为“订盟”，相当于现代的“订婚”。

后来随着时间的推移，问名和纳吉这两个仪式在民间渐渐融于一仪。

（四）纳征

纳征，又称为纳币，是“订盟”（订婚）之后男方将聘礼送往女家，进入成婚阶段的重要仪式。按《仪礼・士昏礼》规定：“奔则为妾……征，成也。使使者纳币以成昏礼。”也就是说，娶妻必须明媒正娶，纳征娶来的女子称为妻，不纳聘财、不备礼节而娶来的女子便算妾。按古礼，聘礼主要有三类：一是用深红和浅红两种颜色组成的衣物；二是五匹长的帛；三是成双的鹿皮。后来，皮帛逐渐被聘金所替代，使纳征这一仪式更加商品化。

旧时订婚是非常严肃的事，订婚后一般不能悔婚。若悔婚，官方要进行干预。“纳征”是整个联姻过程中最为重要的一道程序，双方均特别慎重。在唐代，女方悔婚，杖六十，婚仍旧约；男方若悔婚，不坐，不追聘财。在元代，女方悔婚，笞三十七；男方悔婚，不坐，不追聘财。明清，女方悔婚，主婚人笞五十七，女归前夫；男方悔婚，主婚人笞五十，仍娶前女。

纳征时，男女双方的家长必须见面。可男方到女方家，也可女方到男方家，由男方家长亲手将聘礼交给女方。无论是男家到女家，还是女家到男家，主人都要招待客人茶水。

（五）请期

请期，就是送完聘礼后，选择好结婚日期，备礼到女家，征得女方同意时的仪式。在这个仪式中，古人还是用大雁作为礼物。据《仪礼·士昏礼》所述："请期，用雁。主人辞，宾许告期，如纳征礼。"

到了现代社会，人们常常用红纸笺写迎娶日期时辰，做"请期礼书"，或口头协商决定，民间俗称"提日子""送日头"，礼品也从简了。

（六）亲迎

亲迎，就是新婿亲往女家迎娶新娘的仪式。《通典》曰："亲迎于户，六礼之仪始备。"这项仪式实际上是婚礼的主要过程，有人甚至认为只有亲迎这一项，才是正式婚礼，前面的五项只能算是过渡性的仪式。总之，亲迎是"六礼"中最重要的仪节，也是古人最重视的仪节之一。

亲迎的季节，古代多在春天。《周礼》曰："中春之月，令会男女，于是时也，奔者不禁。"也就是说，促春之际，桃红柳绿，天气和暖，是冠子娶妇之时。至于亲迎的时间，唐代以前的人习惯定在黄昏时分；到了唐代，人们已经改在白天迎娶新妇了。通常，亲迎的仪节大致是这样的：新郎穿着黑色礼服，乘着黑漆的车子，前面有人手里举着蜡烛作前导，后面有两辆从车跟随一起到女家迎娶。到了女家，新娘已经梳妆整齐，头上蒙着一块帕（俗称盖头）等候在房中。女家父亲亲自出门把女婿和男家宾客迎进家门。新郎先在女家庙堂拜祭，然后在门外车上等候。新妇出来，新郎请新妇上车，女家送行的人一起跟从。迎亲队伍到了夫家后，举行"拜堂"仪式。拜堂亦称"拜天地""拜花堂"，即新郎、新娘参拜天地、父母及夫妻对拜，是婚礼中的关键仪式。

亲迎这个仪式还包含了一些现代人比较熟悉的习俗，如"哭嫁""结发"等。哭嫁：女子出嫁前要与父母兄弟姐妹以及村中的姑娘们哭别。风俗认为，出嫁的女儿若不哭，往后多灾多难日子苦。哭嫁的风俗，实际上反映了封建礼教在婚姻上给妇女造成的痛苦与不幸。旧时，绝大多数妇女在父母的安排、媒人的撮合下，所嫁非人，没有感情，没有快乐。有的则饱受打骂，穿不暖、吃不饱，如果再不能为丈夫生出儿子，生活则更为悲惨。她们像空中的转蓬与浪中的浮萍，无法把握自己的命运，只能"嫁鸡随鸡飞，嫁狗随狗叫"。当新生活到来时，她们为自己的命运而担忧、愁苦，便情不自禁地流下了涟涟的泪水。因此，旧时女儿哭嫁既是风俗既定，也是真情流露。结发：多运用于男子与第一个妻子结婚的仪式中，故男子往往称第一个妻子为“发妻”。先秦时，许嫁的女子会得到男方的一根扎头发的丝绳，称之为“缨”。女子用“缨”结发，对外表示她有了未婚夫。到成婚之日，这根丝绳才由新郎亲手从她的头发上解下，这就是《仪礼·士昏礼》中说的“主人（婿）入，亲脱妇之缨。”这种礼仪延续至汉唐。到了宋代，由“结发”发展为“合髻”。北宋末年孟元若在《东京梦华录》中介绍道：新婚男女进入洞房后，“对拜毕，就床。男左女右，留少头发。二家出匹段、钗子、木梳、头须之类，谓之‘合髻’”。将男女头发等物混合放在一处，表明男女结合，永不分离。

从“六礼”的内容可以看出，程序中的纳采、问名是相亲阶段；纳吉、纳征是定亲阶段；请期、亲迎是成亲阶段。就一般人家的婚姻而言，相亲、定亲和成亲三个阶段都是必不可少的，但完全严格按“六礼”规定去办事者，恐怕也只有皇族和官宦之家了。

在当代，如何看待中国古代婚姻“六礼”是个见仁见智的议题。有些研究者从社会学的角度认为，“六礼”所表现的是社会男女不平等的买卖婚姻，是剥削阶级婚姻制度的重要组成部分，与我国社会主义制度的经济基础根本不相符合。也有的研究者从人类文化学的角度认为，“六礼”包含着一种社会物质文化和精神文化的整合问题。婚姻的缔结既是社会的需要，即联系两个血缘家族的纽带，传宗接代，继往开来；也是一种文化的需要，即个体在社会中的信仰。“六礼”的繁文缛节中潜藏着中国先民“家族信仰”“天人感应”等深层文化心理。通过深入探讨“六礼”的文化内涵，对于正确认识我们民族的文化传统，改变婚姻礼仪中的陈规陋习，树立一种新型的自主、文明的婚姻观念，都将有积极的作用。

三、中国传统民歌与传说

（一）民歌

我国是一个诗歌的国度，最早的诗歌当出自老百姓喜爱的歌谣。在古代文字还不发达的时候，人们便用歌谣传达感情、抒发心声。到了文字虽然发达，但普通老百姓尚无受教育权利的时候，歌谣依然是思想情感的传达工具。歌谣这种最为古老、生命力最为旺盛的文学艺术形式，记录了我们民族的心路历程，反映了每一时代、每一时期政治、经济、民俗、宗教等各方面的概貌，是研究我们民族文化史的丰富而真实的资料。歌谣是人类最初的文学艺术形式，它的源头可以上溯到最遥远的古代，然彼时的第一首歌谣是如何发生的，今天已不得而知。后人对此曾做过种种猜测，有游戏说、摹仿说、宗教说、天性说、梦幻说、语病说、灵感说、美欲说、功利说、本能说等。诸说虽各有道理，然不能认定其源头只有一端，因为各民族的生存环境、生活方式不同，故其发生形态也应该各不相同。

现存最古老的歌谣当数伊耆氏的《蜡辞》和《弹歌》。据说伊耆氏就是神农氏，在他为诸部落首领时，带领着人们在年终十二月举行了祭祀百神的活动，祈求来年五谷丰收。他领着众人在祭祀时唱着这样一首歌：

土反其宅，水归其壑，

昆虫勿作，草木归其泽！

——《礼记·郊特牲》

由内容来看（对神祇提出要求），是一首巫歌。《弹歌》见于《吴越春秋·勾践阴谋外传》：

断竹，续竹。

飞土，逐宍。

春秋时期，越国的国君勾践向楚国的射箭能手陈音询问弓弹的道理，陈音在回答时引用了这首《弹歌》。这可能是弓箭发明前的歌谣，反映了远古时期人们狩猎工具的制作与打猎方式。《易经》中也保存着许多上古时代的歌谣，有反映劳动生活的，如《归妹·上六》这样唱：

女承筐，无实；

士刲羊，无血。

女子的筐中，充满了羊毛，但羊毛轻轻的，筐子一点都不显得沉重。男士杀羊的技术极为熟练，羊还没来得及出血，已经被剥皮剔骨了。今天还有一些文献，保留了据称是先秦时期的歌谣，如《击壤歌》：

日出而作，日入而息，

凿井而饮，耕田而食，

帝力于我何有哉？

不过，这首反映了后来才有的远离名利之场、追求自然生活的老庄思想，可能是后人伪作。

西周之初至春秋时期，民歌盛行，后有160篇被收入我国第一部诗歌总集《诗经》（305篇）中，这便是风、雅、颂中之“风”，分别是《周南》《召南》《邶风》《鄘风》《卫风》《王风》《郑风》《齐风》《魏风》《唐风》《秦风》《陈风》《桧风》《曹风》《豳风》。在各国民歌之中，郑卫之音最具有时代性。它不像古典雅乐那样反映宗教的天命观念，祈祷上苍风调雨顺、政治安宁，颂扬先祖的丰功伟业，做政治的传声筒，而是着力于反映色彩斑斓的现实人生，抒写人们真实的内心欲望。其中表现爱情的诗歌数量最多，也最为生动。《诗经》中的民歌基本都是黄河流域的民歌，南方楚国的民歌则通过屈原的《楚辞》保留了部分形式。楚国是一个信鬼神、重祭祀、巫风盛行的国度。楚人在祭祀时要奏乐、唱歌、跳舞，并由巫觋装扮成鬼神模样，表演鬼神的故事，旨在讨得神灵的喜欢，求得鬼神的福佑。当时流行的《九歌》就是民间祭祀活动中演唱的重要节目。

同在南方的越国，民歌也很繁盛。汉代刘向《说苑》中记录了一首《越人歌》，时人用中原语音将这首民歌翻译成如下一首诗：

今夕何夕兮？搴舟中流；
今日何日兮？得与王子同舟。
蒙羞被好兮，不訾诟耻。
心几烦而不绝兮，得知王子。
山有木兮木有枝，
心悦君兮君不知。

——《越人歌》

秦始皇统一全国后，不恤民力，滥施暴政，无休止地征调民工筑长城、建阿房宫、挖陵墓，激化了阶级矛盾。民众用民歌的形式抒发他们心中的怨恨，其中最为著名的就是《水经注·河水》中转引晋人杨泉著作《物理论》所记载的秦代民歌：

生男慎勿举，生女哺用脯。
不见长城下，尸骸相支柱。

由项羽与刘邦据楚地民歌仿作的《垓下歌》与《大风歌》，能看出当时楚地民歌的形式。当项羽濒临绝境时，面对美人虞姬与高大的乌骓骏马时，悲壮而感伤地唱道：

力拔山兮气盖世，
时不利兮骓不逝！
骓不逝兮可奈何！
虞兮虞兮奈若何！

胜利者刘邦建立了大汉王朝，征服了叛乱的淮南王英布。经过家乡时，特意大摆宴席与乡亲故旧开怀畅饮。席间，他即兴演唱了《大风歌》：

大风起兮云飞扬，
威加海内兮归故乡，
安得猛士兮守四方。

南宋葛立方在《韵语阳秋》中赞叹道："只有二十三字，而志气慷慨，规模宏远，凛凛乎已有四百年基业之气。"虽然我们已经无从得知其歌调，但由歌词便可想象出，它一定是高亢激越，稳健宏远，听来能让人荡气回肠，充满信心。

汉武帝统治时期，管理音乐歌舞的政府机构乐府承担了广泛搜集民歌的任务。《汉书·礼乐志》记载："乃立乐府，采诗夜诵，有赵代秦楚之讴。"其实，乐府所搜集的歌谣已远远超出赵代秦楚，几乎涉及全国每个地方。统治者搜集民歌的主要目的，是通过这些歌谣了解人民的思想感情和现实需要，了解政治的成败得失。如《战城南》《十五从军征》《孔雀东南飞》《上邪》《陌上桑》等。

南北朝时，国家分裂而治，文化久不交流，南方越发柔婉，北方愈见刚强。南朝的江南，山川明媚，土肥水美，经济富庶，人民的生活相对安逸。许多父母不再把婚姻作为获得政治与经济利益的一种手段，对儿女的管制较松。于是，街巷阡陌，花前月下，许多青年男女之间发生了一幕幕的爱情故事，以此为题材的民歌也得以大量产生，而其中以极其缠绵悱恻的《子夜歌》最为著名。相传《子夜歌》的曲调是晋代一位名叫子夜的女子所创，因其乐调动听，后来民歌手常按此调编唱新词，人们便把用此调所唱的歌都叫作《子夜歌》。该曲多以女子口吻抒发对爱情的感受、对爱人的思念、别离的愁苦以及被心上人抛弃的愤恨。

唐朝的民歌以曲子词的新形式成了文艺百花园中的一枝奇葩。曲子词又简称词，是民间创造的一种新的音乐形式。其乐调开始多来自民间的山歌野调，后经文人接手，加以改造，曲调便固定下来。每一首歌都有一定的谱式，人们可以按谱填词。唐时的民间词赖敦煌石窟得以保存，到十九世纪末才被人们发现。现存的曲子词有545首，大多出自征夫游子、道士和尚与巫医乐师之手，乐曲简单，歌词通俗，深为百姓喜爱，被广泛传唱，如《菩萨蛮》：

枕前发尽千般愿，要休且待青山烂，
水面上秤砣浮，直待黄河彻底枯。
白日参辰现，北斗回南面，
休即未能休，且待三更见日头。

宋元明清，通俗文艺兴起并茁壮成长，戏曲、小说、宣卷、道情等成了人们喜闻乐见的文艺形式，民歌在城市文化中的位置被这些通俗文艺顶替。但在农村山野，民歌仍然是人们自娱自乐、抒情传意的重要形式。明末清初的进步文人冯梦龙有意采集、编纂当时的歌谣，保存了许多歌谣资料，如《桂枝儿》《山歌》等。其中，有一首歌谣这样的唱道：

约郎约在月上时，
等郎等到月斜西。
不知是侬处山低月上早，
还是郎处山高月上迟？

——《约郎约在月上时》（苏州）

在各类民歌中，情歌的数量最丰，质量最高，而情歌又以江南为最多，这与传统有关。自晋之后，闻名于世的《读曲歌》《子夜歌》等“吴声歌曲”与明清时流行于太湖流域的山歌就几乎全是情歌。情歌的表现领域极其宽广，对男女相恋的每个方面都有描述，如赞誉、相思、相爱、热恋、择偶、情物、送别、思变、情变、抗婚等。

农村青年男女因受封建礼教熏陶较少，他们虽生活在封建社会的天地之中，但对异性爱恋的勇气是其他阶层的青年人无法比拟的。他们敢于极其大胆地向对方表白自己的心意。旧时男女相恋，大多受到阻碍，除了礼教不允许自由恋爱而横加阻挠外，还有其他因素，如年龄悬殊、地域不一、家庭人口多寡、身体缺陷等。但农村青年男女一旦爱上某一异性，便不怕任何阻力，始终忠贞于爱情。如灌南县《隔山隔水情不变》就表达了许多男女对爱情至死不渝的认真态度。

民歌所表现农民的婚姻观念不同于士大夫阶层，也不同于市民。他们敢想敢说敢为，不受外界任何因素干扰。他们忠贞对方、热恋对方，纯粹凭当事人对异性外表的直感或对精神世界的了解所产生。他们恋爱着某一异性时，往往以感性的冲动代替理性的冷静，以个人精神上的欢欣作为择偶的唯一标准，什么门第、财富统统撇在脑后。可见，即使在古代礼教罗网密布的社会，许多农民的婚姻、爱情观念乃至行为也并没有与封建礼教真正合拍。

（二）传说

说我们民族文化的心理构成受儒、道、佛教的影响，自然是正确的。不过必须承认在儒、道、佛哲学宗教思想产生之前，民族的文化心理就已经培育成一定的形态了。我们不能无视它的存在，也不能否认它对后世的巨大影响。因为文化心理是一个民族在漫长的劳动、斗争中的积累，是浸润于过去、流向于未来的一种产物。

汉民族的民间传说极为丰富，不论南北东西，不管沃土瘠地，只要有人烟的地方，就会有人演述传说故事。一代代的人被传说中的主人公所感动、所激励。这些传说也直接影响着人们是非观念的树立、理想志向的确定，并进而影响着我们民族的文化心理和气质、情致等诸方面的形成。因此，我们可以把这些民间传说当做文化史材料，以此探究中国传统文化的某些心理。我们将以孟姜女哭长城、梁山伯与祝英台、董永七仙女、许仙白娘子四个传说为例，展开讨论。

讨论一：从四个悲剧之源中可以总结出我们民族的什么性格？

讨论二：从四个传说的结局中可以总结出我们民族的什么性格？

讨论三：四个传说遵循的结构模式：结合——拆分——追求结合，而且都非常注重描写生聚的欢乐与死别的痛苦。这又展现了我们民族的什么性格？

讨论四：四个传说从产生到现在内容、主题变化都不大，从这里你又能感受到我们民族的什么特点？

四、古希腊的神话世界

在人类的世界中，神话总是诞生在每一种文化最初开始的地方。这些用不同语言、被许多世代的人们所讲述的故事有的极为相似有的则天差地别，有的简单明白有的则不知所云，有的温情浪漫有的则残酷血腥……这些故事对生活在现代社会的很多人来说是荒诞不经、不足为信的，是“神话”而已。然而，为什么这些“虚假”的故事会那么顽强地穿越漫长的时空，被不断地讲述与记忆呢？显然，在神话荒诞不经的外衣下一定藏着某种超越时代的真实与真理。可以这么说，神话是人类公开的、被分享的共同的梦。按照弗洛伊德（Freud）的理论，我们每个人的梦都承载着个体成长中被深深压抑的潜意识，那么，人类共同的梦——神话又是以怎样的代码构成，在潜藏的同时传递着我们的希望、恐惧、欲望和智慧呢？

（一）背景知识介绍

在当代的西方人文学术格局中，“神话学”是个比较特殊的领域。在这个领域中，云集了来自文学、人类学、宗教学、民俗学、心理学等多种学科的学者们，他们经过几个世纪的研究，把“神话学”建设成一个跨越多种学科边界、结构复杂且众声喧哗的庞大体系。也正是借助这些学者们的破译工作和洞见，现代人类才逐渐揭开了神话的神秘面纱，得以窥见被文明层层掩盖起来的集体无意识真相。同时，通过对不同民族的神话的比较，处于全球化时代的人们也深刻体会到文化的多样性存在是一种根深蒂固的惯习，因而也是一种必须尊重与理解的对自身所处文明的重要参照。比如，在不同民族的“创世”神话中，普罗米修斯盗火的神话可以说是最为我们所熟悉的故事之一了。但是，熟悉并不意味着唯一，更不意味着放之四海而皆准。如果我们翻开日本的《古事记》，会发现一个完全不同的关于“火”的英雄的故事：最初的夫妇神伊奘诺尊和伊奘冉尊举行了结婚仪式后，女神伊奘冉尊生出了日本的平原、山川、河流以及世界上的一切。最后生产的是火，但女神的产道被火烧伤，女神也因此死亡。这则来自东方的神话与上述的普罗米修斯神话之间存在着多么巨大的差异，而导致这种差异的正是不同文化的思维方式、价值观和世界观。透过这一差异，我们深刻意识到，任何一个民族的文化都需要建立一种比较的视野，建立一种海纳百川的胸怀，才能保持长久不衰的生命力和创造力。可以这么说，正是通过持续不断地相互理解和比较，每个民族的文化才能被重新发现和创造。神话，正是我们了解陌生文化生动容颜的窗口之一。

不得不承认，在人类不同民族所创造的千变万化的神话中，古希腊神话以其完整的体系、深邃通达的世界观和活泼天真的生命力而备受后世人们的推崇，上文所提及的普罗米修斯故事就是来自古希腊神话。就古希腊文明而言，古希腊神话奠定了其最内在的精神气质和想象力源泉；就现代欧洲文明而言，古希腊神话是其最初和最根本的精神家园之一；就人类文明而言，古希腊神话为其呈现了一个正常儿童嬉笑打闹、欢愉童年的模样。

不过，在我们正式踏入古希腊神话那眼花缭乱的殿堂之前，还需要了解这样一个文学常识：神话产生的时代是口传文学的时代。也就是说，神话的创造、保存和传播都是通过人们的口耳相传完成的。在这种过程中，每个神话都在不断被有意无意地改写，甚至再创造。因此，对今天的人们尤其是普通读者来说，找到一个神话的最“正确”版本是不可能的，也是毫无必要的。每个神话都拥有差异很大的版本，这正是神话可塑性的体现。那么，古希腊神话现在主要被记载在哪些书里呢？首先就是古希腊作家赫西俄德（Hesiod）的《神谱》，这本书记述了创世的过程和诸神的世系；其次就是古希腊学者阿波罗多罗斯（Apollodorus）的《神话全书》；第三本是古罗马作家奥维德（Ovid）的《变形记》。除此之外，我们在著名的《荷马史诗》和古希腊的悲剧中也能读到很多神话故事。有趣的是，在这些古典作家的笔下，不但故事内容和诸神形象经常大相径庭，而且对待神话的态度也彼此冲突。比如，在赫西俄德的心目中，神话就是确凿、庄严的真理；在悲剧作家欧里庇得斯等人的心目中，神话是传播深刻宗教真理的媒介；而在奥维德的心目中，神话就是古代诗人的弥天大谎。更有意思的是，奥维德以无人可媲美的严肃认真的态度，极其详尽生动地讲述了那些弥天大谎。

现在，我们就在这些性格、观念和风格迥异的作家的文字的导引中进入古希腊神话的谜魅空间。

（二）古希腊"神系"的演化

从历时的角度来看，古希腊"神系"至少经过了三次大的演化，或者可以说建立了三层代际更迭和传承。现在我们把最早的一代称为"远古神祇"，第二代称为"旧神–提坦神族"，第三代称为"新神–奥林匹斯山神系"。对现代人来说，最熟悉的就是第三代新神了。比如，连很多中国人都耳熟能详的阿波罗、雅典娜、宙斯等诸神都是第三代新神。不过，很多人并不了解在这三代神系之间到底存在着怎样的联系，也搞不太清楚三代诸神之间错综复杂的关系。所以，对三代神进行简单的谱系追踪将帮助我们推开古希腊神话这扇相当厚重的大门。

第一代：远古神祇

与很多其他民族不同，古希腊人并不相信是神创造了宇宙，而认为是宇宙创造了诸神。所以，古希腊人的远古神祇与其说是我们比较容易理解的"人格神"还不如说是"象征神"。比如，第一位神的名字叫卡俄斯（Chaos，"混沌"的意思），祂指的就是事物生成前宇宙的原始空虚状态。卡俄斯生出了盖亚（Gaia or Ge，"大地"的意思）和厄洛斯（Eros，"欲念"的意思）。盖亚是个比较诗意的名字，暗示着大地具有女神繁殖的性质。厄洛斯就是后来人们非常熟悉的爱神的最初的名字。后来，卡俄斯又生下了厄瑞玻斯（Erebus，"黑暗"的意思）和尼克斯（Nyx，"黑夜"的意思），前者是男神，后者是女神。接着，黑暗男神与黑夜女神结合生下了埃忒尔（Aether，"光明"的意思）和赫墨拉（Hemera，"白昼"的意思）。盖亚被厄洛斯所碰触，生下了乌拉诺斯（Uranus，"太空"的意思，欧洲人把1781年发现的天王星就命名为Uranus）、海洋和山峦。乌拉诺斯和盖亚结合，生下了许多提坦们（Titans，"巨大"的意思），有男有女；还生下了三个库克洛普斯（Cyclops，"独目"的意思）和三个百臂巨人。在今天的神话学家眼中，无论是提坦、独目巨人还是百臂巨人，首先都指向自然界无尽而巨大的能量，他们狂暴凶猛，既创造又摧毁；其次，这些大地和太空结合生下的孩子们也指向人类自身的致命局限。

太空神乌拉诺斯害怕他的孩子们，就把他们从天空驱赶到大地的深处。盖亚很不满意乌拉诺斯的做法，鼓动孩子们起来造反。于是，其中一个名叫克罗诺斯（Cronus，"完成"的意思）的提坦遵从了母亲的召唤，用一把火山石打造的镰刀阉割并驱逐了父亲乌拉诺斯。从此，克罗诺斯就成为提坦神族之王，开启了新的神话时代。

第二代：提坦神族

克罗诺斯与他的妻子也是妹妹瑞亚（Rhea，“跟随、流逝”的意思）统治期间被称为神话中的“黄金时代”。克罗诺斯的形象是手持镰刀的老人。很长时间以来，人们总是把他的名字与“时间”这个词语（chronos）混淆在一起，认定这个神祇就是原初的“时间之父”。从某种角度来看，这种误解还是有一定逻辑性的：他的父亲是天空的本体，而天空中的太阳和月亮不就是测量时间的标识吗？他的妻子不是正意味着时间永不止息的流逝吗？

当乌拉诺斯被儿子驱逐之时曾预言克罗诺斯也将重蹈覆辙，被自己的儿子所驱逐。因为这个预言，克罗诺斯总是在他的孩子一生下来的时候就把他们吞下肚子里。同样，这种做法最终激怒了妻子瑞亚。她又一次生下孩子后，就偷偷用石头替换了孩子。不知情的克罗诺斯吞下了石头，而那个真正的孩子宙斯（Zeus）被她藏匿起来养大。长大后的宙斯果然打败了父亲，并命令他吐出那些被吃掉的哥哥姐姐们。这样，第二代神祇的统治就结束了。

第三代神祇：奥林匹斯山神系

宙斯推翻了父亲的统治之后，他决定用抓阄的方式和他的兄弟们来瓜分对宇宙的统治权力。海洋归波塞冬（Poseidon），冥界归哈德斯（Hades），其他归宙斯。与前两代神祇相比，这一代的神祇既成员众多、形象饱满生动，而且还有许许多多错综复杂的故事。在这里，我们简单介绍一下由宙斯所统领的奥林匹斯山神系的十二主神的名字和身份。

宙斯（Zeus，“天、神”的意思）：奥林匹斯山至高无上的统治者。天空之主，降雨、积云之神，掌握着使用雷霆的大权。他的力量比其他诸神的总和还要大。他同时还能支配人间的善与恶。他的圣鸟是老鹰，圣木是橡树。

赫拉（Hera，“天空女王”的意思）：宙斯的妻子和姐姐，是婚姻的保护者。她的圣鸟是孔雀（象征骄傲）。

雅典娜（Athena，“雅典的”意思）：宙斯和智慧女神墨提斯的女儿。是战争、工艺、智慧以及公正之神；也是城邦女神，手工业和农业的保护者；三位处女神之首。宙斯在墨提斯怀孕时害怕生出一个比他更强大的儿女，就把她一口吞下。后来，宙斯感到头部剧痛，就让赫淮斯托斯用铜斧把他的头劈开，这时全副武装的雅典娜从父亲的脑袋里跳了出来。她后来成为最受宙斯宠爱的孩子，委托她携带神盾和霹雳。雅典是她专属的城市，橄榄树是她的圣木，猫头鹰是她的圣鸟。

阿波罗（Apollo，“毁灭”的意思）：宙斯和勒托的儿子。太阳神，以及医疗和预言之神，也是光明之神。在希腊和罗马受到最为广泛崇拜的神，具有多种职能。

古罗马时代，很多希腊诸神都被重新起名，唯有阿波罗，仍旧保持了这个名字。其形象常为裸体或穿袍子的少年，相貌英俊，手里常持有一张弓或一把里拉琴。月桂树是他的圣木，很多动物都是他的圣物，其中最主要的是海豚和乌鸦。

阿耳忒弥斯（Artemis,“绑紧”“切碎”的意思）：宙斯的女儿，阿波罗的孪生妹妹。野生动物、狩猎、植物、贞节和生育女神，也是月亮女神。柏树是她的圣木，所有野生动物都是她的圣物，尤其重要的是鹿。其形象常为年轻的女猎手，身边是赤牝鹿。

阿芙洛狄忒（Aphrodit，“泡沫”的意思）：爱与美的女神，能够迷住一切神祇和凡人。还被当作航海和战争女神进行祭祀。在《伊利亚特》中，她是宙斯和狄俄涅的女儿；但在后来的诗篇中被认为是从大海里的泡沫之中诞生的，而这泡沫则是由乌拉诺斯那残损的器官掉落在大海里所引发的。桃金娘是她的圣木，鸽子是她的圣鸟。

赫耳墨斯（Hermes，“岩石”“支撑”的意思）：宙斯和阿特拉斯女儿迈亚的儿子，潘的父亲。他是宙斯的信使，常常“飞得像思想一样快，去执行命令”。也是诸神中最精明、狡猾的一位，是“神偷”。曾经在生下来不满一天的时候偷走了阿波罗的家畜。因此，也是商业和市场之神。同时，他也是道路和行路者的保护者。他最典型的形象是手持盘蛇的短杖，头戴帽子，肩披斗篷。

阿瑞斯（Ares，“男人”的意思）：宙斯和赫拉的儿子，战神。在荷马史诗中，他被描写成身穿青铜盔甲，穷凶极恶、嗜血成性又胆小懦弱的神祇。虽为战神，但在战场上常常败给同父异母的妹妹雅典娜。在后来罗马人的史诗《埃涅阿斯纪》中这位战神被描写成相貌堂堂、令人敬畏、战无不胜的英雄。秃鹰是他的圣鸟。

赫淮斯托斯（Hephaestus，“照亮、火光”的意思）：宙斯和赫拉的儿子。火神和铸造之神，是锻冶业的保护神，天然火山被视为他的作坊。他的作坊里忙碌的女仆们来往穿梭，那些都是他用黄金打造的产品。在俊美的神界中，只有他长得相貌丑陋，而且还是跛足。他也是爱好和平的神祇，在城市生活中占有重要地位。

赫斯提亚（Hestia，“家里的灶台”的意思）：炉灶女神，掌管家庭生活。克罗诺斯和瑞亚的长女，宙斯的妹妹。阿波罗和波塞冬都曾向她求婚，但其发誓永不嫁人。所以，也是童真女神。

波塞冬（Poseidon，“控制”“似水”的意思）：克罗诺斯和瑞亚的儿子，宙斯的兄弟，海神。波塞冬的权力不仅统辖大海，而且涉及湖泊和泉水。他还是养马业和赛马的保护神。

哈德斯（Hades，“不可见”“持续”的意思）：克罗诺斯和瑞亚的儿子，掌管冥界。又名普鲁托（Pluto，冥王星即以他的名字命名），意为“财神”，也掌管着埋藏在地下的珍贵金属。这是一个无情的神，不为祈祷或献祭所打动。

除了这十二个主神，宙斯所统治的宇宙中还活跃着很多其他的神祇，比如酒神、记忆女神、缪斯女神、潘神等。在古希腊的神话世界里，神与人的交往是非常密切的，神不但介入人间的事物，还经常一不小心爱上人类的女子和男子，于是就诞生了英雄。这些有着神、人混合血统的英雄们的传说构成了古希腊神话中很重要的一部分。比如，寻找金羊毛的故事、帕尔修斯的故事、忒休斯的故事等。总而言之，这些故事组成了一个广阔无垠的想象之海，每一朵浪花都烛照出人类隐秘而生动的侧颜。但是，对今天的普通读者来说，如何辨认并进而欣赏这些浪花的美还是需要某些专业导引的。所以，在下面一部分，我们将以两个神话小故事为例，展开比较深入的解读与阐释。

（三）两个神话小故事

阿多尼斯（Adonis）的故事

阿多尼斯是个人间的美少年，他的母亲是位公主。他在一出生的时候就被爱神阿芙洛狄忒深深地爱上了。阿芙洛狄忒把这个小男孩寸步不离地带在身边，生怕被其他神祇抢走。有一次，阿芙洛狄忒不得不出远门，就把阿多尼斯托付给冥后、谷物之神帕尔塞芙涅（Persephone）照看。爱神以为寄养在地底下是一个安全的策略，却不想冥后也爱上了阿多尼斯，再也不肯把男孩交还出来。两个女神吵得不可开交，最后来到宙斯那里要求裁决。宙斯不想得罪两位女神，就做出了一个折中的决定：一年里，四个月给爱神，四个月给冥后，另外四个月归阿多尼斯自己。这样才平息了两位女神的争吵，而体贴爱神的阿多尼斯索性把属于自己的四个月也送给了爱神。

阿多尼斯在女神形影不离的陪伴下长大，他非常喜欢在树林里奔跑追逐、抓捕野兽。因为有女神的保护和帮助，这样的狩猎总是充满无限的乐趣和成就。但是，有一天，爱神又一次不得不暂时离开。临行前，爱神叮嘱少年千万注意安全，独自一人只能追逐兔子这样的小动物，不能冒犯大型动物。阿多尼斯满口答应并让女神放心，他有能力保护自己。爱神离去后，阿多尼斯像往常一样开始了追逐奔跑。突然，一头野猪的身影闯入了他的视线，碰见猎物的激动使他全然忘却了女神的叮嘱，向野猪投出了长矛。受伤的野猪疯狂地反扑过来，把阿多尼斯一头拱倒在地，顿时血流满地。这一切发生得实在太快，连女神都来不及出手援助。等爱神驾驶天鹅车从高空飞回到他身边时，阿多尼斯已经奄奄一息，再也感受不到女神的亲吻了。少年就这样死去了，阿芙洛狄忒悲痛欲绝，奥林匹斯山的所有女神们也悲伤不已，但即使连宙斯都无法挽回阿多尼斯的生命。在少年流血的地方，很快生长、绽放出一大簇从未见过的深红色的美丽鲜花。后世的人们就把这种速生速死的植物叫作银莲花（Anemone），它大概就是美少年那光华灿烂而又短暂的生命的象征吧。从此，希腊地区的人们在每年的春天都会举办阿多尼斯节。在那段时间里，姑娘们会在自家的花园里撒下一些速生速长的花卉种子，打造出一个“阿多尼斯花园”。在今天的地中海岛屿国家塞浦路斯，这种风俗还保留着。而“阿多尼斯”这个名字也从此成为“美男子”的代名词。

在研究者看来，这则神话故事携带了非常丰富的文化信息。首先，它可以被视作对植物起源和对植物世界的荣枯等现象做出的某种形象化解释。在古希腊神话中，除了这则关于银莲花的故事外，非常著名的还有关于水仙花、风信子等的传说。其次，在这些关于植物起源的故事中都包含了死亡与流血事件。因此，也有人推测，美少年的不幸夭折，并被恰当地变成春天的花朵的故事，很可能伴有远古人类所经历的某种黑暗的背景。第三种观点认为，阿多尼斯虽然深受女神们的爱慕和保护，却依然不能阻止死亡的突然降临。这一结局显然在暗示着死亡的不可避免性。当然，还有人认为，从阿多尼斯的出生、成长以及死亡的全部历程来看，都充满了一种必然的偶然性和神秘性。而在各种各样的解释中，最受文学青睐的便是它提供了一个“永恒男孩”的原型。在古希腊神话中，像阿多尼斯这样的少年未及成年便意外夭折的人物还有许多，比较著名的有太阳神阿波罗的儿子法厄同、建筑大师代达罗斯的儿子伊卡洛斯等。他们的故事激发了西方文学许许多多的想象。比如，英国剧作家詹姆斯·马修·巴里（James Matthew Barrie）的《彼得·潘》和法国作家圣·埃克絮佩里（Saint-Exupery）的《小王子》中的人物都可以被视作是对“永恒男孩”原型的经典演绎。

美狄亚（Medea）的故事

这个故事其实是另一个更加著名和复杂故事的一个分支。它就是“寻找金羊毛”的故事，主角的名字叫“伊阿宋”（Jason），他带领着一群英雄，驾驶着“阿耳戈号”，历经艰险去寻找金羊毛。只有取回金羊毛，伊阿宋才能取回原本属于他现在却被堂兄夺取的王位。寻找金羊毛的历程异常艰险，众英雄不但要对抗狂风巨浪，还时不时地被各路怪物或仙女纠缠，终于抵达藏有金羊毛的卡耳喀斯国。在赫拉等女神的暗中相助下，他们顺利进入王宫见到了国王埃厄忒斯。伊阿宋等人向国王说明了来意并许愿如果能拿到金羊毛，他们可以为他征战沙场或按照他的旨意执行任何任务。但国王并不为之心动，相反，他非常讨厌甚至想杀了这群不请自来的年轻人。于是，他提出要先完成两个任务才能得到金羊毛。第一是给他的两头口里吐火的铜足公牛套上轭头，并让它们耕田犁地；第二个任务就是把一条恶龙的牙齿当作谷种撒进犁沟。这些牙齿马上就会破土而出，长成一群武装男子，向犁地的人发动攻击。因此，伊阿宋们必须把这些牙齿武士一一砍倒。国王说："这些我都做到过，如果你们做不到，那么金羊毛就不会给不如我的人。"

为了得到金羊毛，伊阿宋只得硬着头皮接受了挑战。宴会结束后，他们回到船上商讨对策。显然，这是两个仅仅凭借人力无法完成的任务。英雄们并不知道，就在他们一筹莫展之时，国王的女儿美狄亚也正经受着煎熬。因为爱神使其在见到伊阿宋第一眼时就爱上了他。美狄亚是个公主也是个巫女，拥有超凡的魔力，她的法术能够帮助来自异乡的陌生的英雄们完成挑战。但是，如果出手相帮就意味着背叛父亲。最后，几经挣扎的美狄亚终于向爱神屈服。在美狄亚的帮助下，伊阿宋们顺利完成了任务并且偷到了金羊毛。

得到金羊毛的英雄们连夜扬帆出发，背叛了父亲的美狄亚也跟随伊阿宋上了船。伊阿宋答应一回到故乡就与美狄亚结婚。得知金羊毛被盗的国王派出船队前去追赶，率领船队的就是美狄亚的弟弟。为了阻止弟弟追赶，美狄亚做出了一件可怕的事情：她杀掉了弟弟！"阿耳戈号"继续航行，但是很快，国王亲自率领的船队又追了上来。这一次，美狄亚把弟弟的尸体抛进了大海里。国王见此不得不停止追赶来打捞自己儿子的尸体。就这样，"阿耳戈号"终于摆脱追兵得以顺利回到希腊，众英雄解散各自回家。

然而，原先答应过伊阿宋的堂兄其实并没有想遵守约定，而是趁伊阿宋不在的时候，迫使他的父母亲都自杀了。于是，美狄亚再次运用她的魔力，设计杀掉了堂兄。虽然他们报了仇，但也使自己无法在故乡立足。夫妇俩只能再度逃亡。最后，科林斯国的国王收留了他们。流亡的日子虽不安定，但对美狄亚来说是幸福的，因为她和伊阿宋已经有了两个可爱的儿子。当他们在科林斯的王宫里住的时间长了以后，科林斯的公主看上了伊阿宋。是做科林斯国未来的国王，还是忠诚于美狄亚？伊阿宋选择了前者。绝望之中的美狄亚为了惩罚伊阿宋的背叛，先杀掉了公主，再杀掉了两个儿子，然后自己乘着一辆龙拉的车逃离了科林斯，消失得无影无踪。

按照现代人的伦理和审美习惯来看，这个神话故事血腥且不合常理。然而，正是这个极端而又荒诞不经的故事，千百年来总是受到关注与不断阐释。比如，欧里庇得斯（Euripides），这位伟大的悲剧作家在《美狄亚》中生动刻画了美狄亚在遭到伊阿宋背叛后的心理状态："为了你，我成了所有人的敌人。/我自己与他们原本无冤无仇。/我曾把你视为忠诚的夫君/而今，却要亡命天涯。/孤苦伶仃，无依无靠/……/我给了他们生命，而今却要给他们死亡。/现在千万不要胆怯，不要顾虑他们是多么年幼，/多么可爱，刚生下来的时候是多么令人爱怜——/不要再想——我要忘记他们是我的儿子，/忘记片刻，短短的片刻——然后永远与悲伤相伴。"而到了20世纪，精神分析学家和哲学家拉康（Lacan）则开启了对美狄亚这个在欧洲文化中非常另类的女性形象的重新解读，并成为21世纪女性主义重新审视女性的重要思想资源。

结语

欧洲的文化从文艺复兴以来，进入了一个长期祛魅的过程，神话作为一种古老信仰的影响力也渐渐衰弱。虽然从表面上看古老的神话似乎已经退出了现代人的日常生活，但实际上神话从未离开过。20世纪伟大的幻想文学作品《魔戒》可以说正是神话信念所结出的硕果；而对更多的芸芸大众来说，他们每天所接触的各种各样的商品广告、好莱坞的电影又何尝不是神话的变体呢。

五、源远流长的史诗传统

古希腊的《荷马史诗》被视为欧洲文学高不可及的范本，在世界文学中具有特别重要的地位和意义。千百年来，它一直居于文学金字塔的顶端，接受世人的赞叹和仰望。后世的欧洲作家乃至全世界的许多作家常常从《荷马史诗》中探索素材，借鉴艺术技巧。确实，从源流而言，《荷马史诗》开创了欧洲文学史诗的传统，这一传统不仅在托尔斯泰（Tolstoy）的《战争与和平》、罗曼·罗兰（Romain Rolland）的《约翰·克里斯多夫》这样的严肃文学中得以延续，而且在诸如《权力的游戏》《唐顿庄园》这样的热门电视剧中也体现得淋漓尽致。因此，了解荷马史诗的相关常识、知晓它的核心内容，是我们懂得欣赏欧洲文化的必要入口之一。

（一）背景知识介绍

《荷马史诗》不仅是人类童年时代的产物，而且也是表现人类童年发展得最完美部分的艺术杰作。当然，作为口传文化时代的产物，这部杰作并不是由一个叫作荷马的人独立完成的。事实上，围绕着这部史诗产生的年代、作者的名字和身份以及史诗所展现的古希腊历史、政治、哲学、神话等维度的各种问题，文学史家、历史学家、考古学家等一直在进行考证和争论，直到今天也很难有个统一的定论。所以，在西方学界出现了一个专门的研究领域，叫“荷马学”。自20世纪初中国渐渐融入世界文化的大格局以来，中国学者对《荷马史诗》的介绍、翻译和研究也是持续不断，罗念生、王焕生、杨宪益和陈中梅译本都是今天中国的普通读者走近《荷马史诗》的可靠保证。

大致而言，目前传世的《荷马史诗》由《伊利亚特》（《伊利昂纪》）和《奥德赛》（《奥德修纪》）两部史诗组成。前者讲述了特洛伊战争中51天的战况，后者则讲述了战后希腊将领奥德修斯漫漫十年的回家旅途。也就是说，特洛伊战争是史诗的核心。

这是一场在历史上确实发生过的战争。希腊各个城邦的联军远征特洛伊，最后毁灭了这个岛国。但在人类历史的长河中，为什么无数的战争被遗忘，而这次战争则被记忆呢？除了《荷马史诗》这一不朽的记忆媒介外，关于这场战争起源的传说也起到了一个很重要的作用。

不和女神厄里斯（Eris）因为没有被邀请参加国王帕琉斯和仙女忒提斯的婚礼，决心报复。她携带一只金苹果作为贺礼来到婚宴中，那只金苹果上刻着一行字“给最美的女神”。于是，天后赫拉、智慧女神雅典娜和爱神阿芙洛狄忒都觉得自己应该得到那只金苹果。争执不下的她们先来到宙斯面前请求决断。宙斯很聪明，不想被卷入这场女人之间的战争，就推荐了特洛伊国的王子帕里斯（Paris）。三个女神找到帕里斯后，分别许愿给他王位、战绩和美女。帕里斯接受了阿芙洛狄忒的条件，把金苹果判给了她。这就是著名的“帕里斯裁决”，被认为是特洛伊战争的根源。

不久，爱神兑现了自己的诺言，给帕里斯介绍了人间最美的女子——海伦（Helen）。海伦是宙斯和勒达（Lede）的女儿。她的美丽在全希腊闻名遐迩，许多王子都想娶她为妻。面对众多声名显赫、实力雄厚的求婚者，海伦的人间父亲、国王廷达俄瑞斯（Tintaoris）不敢擅作主张。最后想出一条妙计：以后不论是谁娶了海伦，他的婚姻一旦受到侵害，其余的人都要联合起来加以捍卫。这条盟约得到了所有求婚者的赞同。最后，阿伽门农（Agamemnon）的弟弟墨涅拉俄斯（Menelaus）娶到了海伦，并被立为斯巴达国王。为了帮助帕里斯得到这位美女，爱神和帕里斯一起来到了斯巴达，受到了国王墨涅拉俄斯的热情接待。在帕里斯逗留期间，墨涅拉俄斯因事外出到克里特岛去了。当他回来的时候发现王后海伦和帕里斯已经一起消失了。于是，斯巴达国王发出呼吁，希望全希腊的部族首领集结在一起讨伐特洛伊，夺回海伦。各路英雄因为曾经有过盟约，于是纷纷带兵前来。但是在这些英雄的身影中，还缺两个非常重要的将领：奥德修斯（Odysseus）和阿基琉斯（Achilles）。

奥德修斯被认为是全希腊最聪明的人，他心思缜密、头脑冷静甚至可以说诡计多端。他其实并不想为了一个女人去驰骋战场，于是一直装聋作哑不去集结。最后，统帅阿伽门农的使者来到了他的家里进行劝说。奥德修斯就开始装疯，把盐粒洒在地上当作种子进行播种。但是，使者也非常聪明，他突然抱起奥德修斯的小儿子，把他放在了地里。眼看犁头就要把孩子伤到了，奥德修斯赶紧勒住了牲口。这样，他再也不能装疯了，只能随使者来到了斯巴达。

另一个英雄阿基琉斯倒不是自己不想来，而是他的女神母亲不让他来。因为，根据神谕，阿基琉斯有两种可能的命运：一种是籍籍无名地在家里度过一生，享尽天年；还有一种是过早死于战场，但能获得不朽声誉。作为母亲，自然不希望儿子为了荣耀而去赴死。所以，当集结号传来的时候，女神把阿基琉斯藏到了某个国王的宫殿里，命其男扮女装混迹于宫女堆中。奥德修斯加入联军后，他的首要任务就是找到阿基琉斯。于是，奥德修斯扮成一个游走四方的货郎，带着各种精致的小玩意走访各个宫殿。在阿基琉斯藏身的地方，许多宫女都围上来挑选喜欢的物品。这时，奥德修斯注意到有一个宫女不爱脂粉饰品之类的东西，唯独对精美的匕首和长剑感兴趣。显然，她就是奥德修斯要寻找的阿基琉斯了。不需花费太多口舌，阿基琉斯就已经把生死置之度外，也忘掉了母亲的话，跟随奥德修斯来到了联军军营。

当部队集结完毕，又经过漫长的风向等待之后，希腊人的船队终于浩浩荡荡驶向特洛伊了。也许，在当时所有人的心中，这场战争用不了几个月就会结束，到时他们将带着特洛伊的金银财宝荣归故里。谁也不曾想到的是，特洛伊人的勇猛和奥林匹斯山上的诸神的介入会让这场战争在拉锯战中延续至第十个年头，而且还看不到胜利的迹象。更令人沮丧的是，由于主帅阿伽门农强行掠夺了阿波罗祭司的女儿，导致阿波罗在一系列的战斗中都毫不手软地狠狠教训了希腊人，迫使他们向着海边撤退。在战事频频失利的情况下，阿基琉斯当众责备了阿伽门农，并迫使他把祭司的女儿送还回去。在压力之下，阿伽门农不得不把那个美丽的姑娘送了回去，但他同时又借助主帅的威权，向阿基琉斯索要赔偿。阿基琉斯眼睁睁看着自己心爱的姑娘被阿伽门农带走了。

（二）《伊利亚特》

《荷马史诗》之《伊利亚特》就是在这样的背景下开始了。“阿基琉斯的愤怒”则是这部史诗的主线。《伊利亚特》这样写道：“女神啊，请歌唱佩琉斯之子阿基琉斯的/致命的忿怒，那一怒给阿开奥斯人带来/无数的苦难，把战士的许多健壮英魂/送往冥府，使他们的尸体成为野狗/和各种飞禽的肉食，从阿特柔斯之子/人民的国王同神样的阿基琉斯最初的争吵中/分离时开始吧，就这样实现了宙斯的意愿。”

阿基琉斯罢战了，他整日坐在自己的营帐里弹奏竖琴，向他的女神母亲唱着心中的愤懑。没有了阿基琉斯的希腊军队就像少了一只胳膊，而女神母亲愤怒之下，更是集结了诸神帮助特洛伊人狠狠地打击希腊人。眼看希腊人再也支撑不下去了，在众人的建议下，阿伽门农终于向阿基琉斯道歉赔礼。他不但送还了那个姑娘，还附加了许多金银财宝。大家以为这一下阿基琉斯该上战场了。但是，阿基琉斯非但不接受阿伽门农的道歉，还直接下令自己的部队整理行装准备返航回家。他这样说道："因为就像我厌憎死亡之门一样，我厌憎那个人。/他内心深处藏着一件事，说出的又是另一件。/但我会用我觉得最好的方式来对你们说：我既不/认为阿特柔斯之子阿伽门农能够说服我，/也不认为其他的达南人能，既然他们对永远和敌人/奋战不歇的人没有感激之心。/对于不出战和奋勇作战的人来说，命运是一样的。/我们都有着一致的评价，不管是强是弱。/一事无成的人难逃一死，成就斐然的人亦然。/我并没有赢得什么，现在我的心已不再患有/让自己永远在沙场上冒生命危险的疾病。/因为就像母鸟为未长翅膀的幼雏带回/所有它能找到的食物，而自己却受尽辛苦，/我也一样，度过那么多无眠的夜，/熬过那么多血腥厮杀的日子，/和战士们为了这些人的女人奋斗。/谈到所有物/牛只和肥羊是城破之时会有的东西，/三足鼎是可以赢来的，黄褐色的高头大马亦然，/但人的生命是不会重返的，不能用武力/将它攻破或俘虏，一旦它逸出了皮囊。"①

在这里，我们看到了"阿基琉斯的愤怒"其复杂多变的演绎线路。从最初因为个人尊严和利益受损而退出战场到因为反思生命的价值与意义而拒绝重返战场，这一变化蕴含着《伊利亚特》最激进的思想。

在所有人劝说阿基琉斯都无效后，他的好朋友帕特洛克罗斯（Patroclus）只好穿上阿基琉斯的铠甲，替他上战场。而他要迎战的对手就是特洛伊的王子赫克托耳（Hector），也是特洛伊最英勇的战士。战况可想而知，帕特洛克罗斯完全不是赫克托耳的对手，最终死在了战场上。当好朋友死亡的消息传来，阿基琉斯悲痛欲绝。他非常自责让其贸然上战场从而断送了性命，这时的阿基琉斯把对阿伽门农的不满、对自己生命价值的反思等等都一股脑儿地抛弃了。在他心中，唯一的念头就是要重上战场替他的朋友复仇。于是，他的女神母亲也来帮忙，连夜赶到奥林匹斯山上恳求火神紧急打造了一套铠甲。第二天一大早，阿基琉斯披挂着全新的铠甲上了战场。他那不顾一切的腾腾杀气，使勇士赫克托耳似乎嗅到了不详的气息。但是，作为特洛伊的守护者，他别无选择，必须告别妻子和年幼的孩子去面临死神的挑战。

当两位最伟大的战士面对面站立的时候，赫克托耳试图与阿基琉斯达成一个协议：如果其中一方死去了，请把他的尸体送还给他的亲人。但是，沉浸在丧失朋友

① 大卫·邓比.伟大的书——西方经典的当代阅读[M].苇杭,译.北京:国际文化出版公司,2006.

之痛中的阿基琉斯根本不予理会。就这样，战斗开始了。赫克托耳精准地投出了长矛，直接击中阿基琉斯。但是，由于阿基琉斯的铠甲是火神打造的，它根本不可能被击穿，长矛就这样嵌在那里。赫克托耳接着向身边的战友索取投枪，却不承想，原先接应的战友已经不见了。原来，这是站在希腊人一边的女神雅典娜在捣鬼。她先变成赫克托耳朋友的样子，令其选择在错误的时机与阿基琉斯交手，然后又帮着阿基琉斯在战场上捡拾武器。这样，当赫克托耳手上只剩下一把短短的宝剑的时候，阿基琉斯还握有长矛。就在赫克托耳冲上前去要与阿基琉斯短兵相接的时候，阿基琉斯投出了长矛。长矛直击赫克托耳的咽喉部位，最勇敢的战士赫克托耳就这样倒下了。临死前一刻，他再次恳求阿基琉斯："请把我的尸体交还给我的父母。"但是，阿基琉斯根本不理会。他的痛苦仍旧没有办法消除。

这次战斗以希腊军队的胜利而告终。当其他人在收拾战场的时候，阿基琉斯继续着对赫克托耳的报复行为：他刺穿了赫克托耳的双脚，用皮带把双脚拴在马车上，让死者的头朝向地面。阿基琉斯鞭打着拉车的马，让其绕着特洛伊的城墙跑了一圈又一圈。那么高贵、英俊的战士赫克托耳的尸体在阿基琉斯的摧残下已经面目全非了。

对阿基琉斯如此过分的虐尸行为，奥林匹斯山上的诸神也看不过去了。宙斯尤其反感这种做法。于是，他派出信使前往特洛伊，告诉老国王普里阿摩斯（Priams）——赫克托耳的父亲，大胆前往阿基琉斯的军营去讨还尸体。于是，普里阿摩斯把特洛伊最珍贵的宝贝装了满满一车，前往希腊人的营地。在信使赫耳墨斯的引导和诸神的帮助下，普里阿摩斯一队人顺利抵达了阿基琉斯的营帐。与此同时，信使也已经向阿基琉斯传递了诸神对其行为的批评，希望他能适可而止。就这样，在阿基琉斯的营帐里，出现了这样令人唏嘘的一幕："他站在阿基琉斯面前，抱住他的膝头，/亲那双使他的许多儿子丧命的杀人手。/……/神样的阿基琉斯，想想你的父亲，/他和我一般年纪，已到达垂危的暮日，/四面的局面可能折磨他，没有人保护，/使他免遭祸害与毁灭。但是他听说/你还活在世上，心里一定很高兴，/一天天盼望能看见儿子从特洛伊回去。/我剩下的一个儿子、城市和人民的保卫者，/在他为祖国而战斗时已经被你杀死，/他就是赫克托耳。我现在为了他的缘故，/带着无数的礼物来到希腊人的船前，/从你这里把他的尸首赎买回去。/阿基琉斯，你要敬畏神明，怜悯我，/想想你的父亲，我比他更是可怜，/忍受了世上的凡人没有忍受过的痛苦，/把杀死我的儿子们的人的手举向唇边。"①听着普里阿摩斯发自肺腑的恳求，阿基琉斯悲从中来。这时的他已经从好朋友之死的悲痛和愤怒中解脱出

① 大卫·邓比.伟大的书——西方经典的当代阅读[M].苇杭,译.北京:国际文化出版公司,2006.

来，理解并体会着普里阿摩斯的悲痛。

曾经你死我活的敌人在此时此刻握手言和了。他命人拿来好酒，向普里阿摩斯致敬。同时，他又命令手下好好整理赫克托耳的尸体。他倒不是因为惧怕普里阿摩斯而对自己曾经虐待赫克托耳的尸体感到心虚，而是恐怕普里阿摩斯看到损坏的尸体而出言不逊，再次激起自己的愤怒。就这样，普里阿摩斯取回了自己儿子的尸体。阿基琉斯保证，在特洛伊人为赫克托耳举行葬礼期间，绝不向其发动攻击。葬礼进行了九天，特洛伊人最后把赫克托耳的尸体放在高高的火堆上加以焚化，然后收集起骨灰放入一个金色的瓮里，将其埋葬。

《伊利亚特》就在焚烧赫克托耳的袅袅青烟中结束了。但是，特洛伊战争并没有结束。葬礼结束后，双方再次开战。赫克托耳死后，阿基琉斯清楚地意识到，自己死亡的日子也将即刻来临。由于阿基琉斯是女神的孩子，所以他的母亲为了保护自己的孩子长大后免受伤害，特意在其出生不久就拎着他的双脚，把他全身浸泡在冥河里。被冥河水浸泡过的凡人的身体将刀枪不入。可惜的是，女神母亲比较粗心，她忘记了被双手握住的脚踝部分。从此，阿基琉斯虽然为神样的勇士，但仍旧有其致命缺陷。双方的战斗仍旧在进行。知晓阿基琉斯秘密的阿芙洛狄忒引导帕里斯射出了一支箭，而阿波罗则引导这支箭径直飞向阿基琉斯的脚踝，阿基琉斯即刻倒在地上死去了。

在双方都损失了最伟大的战士后，希腊人取得胜利的希望越来越渺茫。这时，奥德修斯想出了一条计策：他让所有的希腊军队佯装离开特洛伊返航，自己带领一队精锐士兵等候在附近的峡湾里。在他们原先的营地上，留下了一匹巨大的木马，里面藏着最善战的武士。这就是举世闻名的“木马计”。蒙在鼓里的特洛伊人在城墙上看到远处的希腊人全部撤离，留下了空无一人的海滩，以为战争终于结束了，非常高兴。他们蜂拥来到海滩上，看到了这匹巨大的木马，还找到了一个被遗留在军营里的希腊人。殊不知这个希腊人是奥德修斯专门安排在那里等着特洛伊人的。这是个口才极佳的希腊人，他以丝毫不让人生疑的故事讲述了这匹木马的用途：这是希腊人献给雅典娜的珍贵的祭祀品，谁得到这个祭品谁就会受到雅典娜神的庇护。之所以做得那么大，就是因为不想被特洛伊人拖走。于是，特洛伊人就会在海滩上直接焚毁，而这个行为将给他们自己带来灾难性的后果。特洛伊人相信了这个故事，于是就开始想办法把木马拖进城里。

特洛伊有个祭司，名叫拉奥孔（Laocoon），只有他和他的两个儿子对此表示深深的怀疑。他竭力劝阻人们把木马拖进城去，并且建议在海滩上就地拆毁。就在这时，帮助希腊人的海神波塞冬派出了两条可怕的巨蛇，它们从海里突然跃出来死死缠住了拉奥孔和他的两个儿子。被巨蛇缠住的人拼命挣扎都无济于事，一眨眼，三个人就被活活缠死了。而那两条巨蛇则快速游进了雅典娜的神庙，消失得无影无踪。这件突如其来的惨案使特洛伊人更加相信希腊人的故事，认为只有把木马拖进城去才能免除灾祸。

在所有特洛伊人的努力下，木马被拉进了城。晚上，男女老少都来到广场上狂欢，他们喝酒、跳舞来庆祝战争的结束。夜深人静，就在特洛伊人酣睡之时，木马里的武士悄悄出来。他们先打开城门，把早已等候多时的希腊人放进来，然后在城市的每个角落都燃起熊熊烈火。一时间，整个特洛伊陷入了火海之中，而希腊人趁机开始了屠杀。火光冲天之中，特洛伊人一个又一个地倒下，无论是平民百姓，还是王室贵族；无论是青年士兵，还是老弱病残，都无一幸免。随着黎明的到来，全体特洛伊的领袖几乎都已经战死。唯一幸存的是埃涅阿斯（Aeneas），他是爱神阿芙洛狄忒的儿子。在母亲的保护下，他最后只救出了自己的父亲和儿子，逃离了特洛伊。爱神可以说是在那晚唯一出手帮助特洛伊的神祇。

亚洲最繁华的城市特洛伊就这样被毁灭了，希腊人用十年的时间都未能攻下的城池在一个晚上消失了，只留下一片大火烧尽后的废墟，还有废墟上一群被俘的妇女，她们的丈夫都已经死在了希腊人的刀剑之下。

（三）《奥德赛》

在这些不幸的特洛伊妇女之中，既有普通人的妻子，也有王后和贵妇。她们都将被希腊人瓜分，带向陌生的国度。赫克托耳的妻子安德洛玛克（Andromache）抱着年幼的孩子等候着命运的判决。她祈盼希腊人能够允许她带上自己的孩子。但是，希腊人没有这样仁慈，他们把这个年幼的男孩从高高的城墙下扔了下去！安德洛玛克眼睁睁看着幼儿从高处坠落，坠落……希腊人还在阿基琉斯的墓前杀掉了一位姑娘，她就是公主波吕克赛娜（Polyxena）。

被胜利冲昏头脑的希腊人越来越残忍与不敬了，他们不但随意处置那些无辜的生命，而且连曾经帮助过他们的神祇都不放在眼里。特洛伊还有一位公主，她的名字叫卡珊德拉（Cassandra）。她长得非常美丽，阿波罗爱上了她，并赐予她一件珍贵的礼物：看到未来的能力。但是，她却拒绝了阿波罗的爱情。气恼的阿波罗不能收回送出的礼物，只能令这礼物失效。于是，卡珊德拉仍旧拥有预知未来的能力，但是没有人会相信她的预言。她虽然知道特洛伊将被毁灭，却无法阻止毁灭的发生。城破之后，卡珊德拉逃进了雅典娜神庙，祈求庇护。但是，有一个希腊人发现了她，并把她强行拖出了神庙加以施暴。这种渎神的行为激怒了雅典娜和其他诸神。于是，神们决定狠狠地惩罚一下希腊人。

毫不知情的希腊人终于满载着抢劫来的货物和女奴，扬帆起航，各自返回自己的家乡。很快，大海掀起了从未有过的狂风巨浪，把希腊人的船队打得七零八落。很多人就此葬身于海底，永远也不会回到家了。其中，奥德修斯所率领的船队被吹到了非常遥远的地方。尽管他手下的人员损失算是轻的，但要找到回家的正确航线却显得异常困难。《荷马史诗》之《奥德赛》就这样开始了。

这部史诗是以两条线索展开的。首先是奥德修斯家乡的情况。战争进行了十年，结束后奥德修斯又经过了将近十年还没有回家。这样加起来有近二十年的时间让其妻子在焦虑中等候。由于没有任何奥德修斯的消息，很多人都认为他肯定已经死了，但是他的妻子始终不相信。就在这二十年间，奥德修斯的宫殿里聚集了许多求婚者，他们都是附近岛屿的领主或勇士。只要奥德修斯的妻子帕涅罗珀（Penelope）确认丈夫的死亡，他们中的一位就能娶其为妻，顺便继承庞大的家业。为了拖延答复的时间，帕涅罗珀找了一个借口：需要为奥德修斯的父亲编织一件精美的寿衣，完成后才能改嫁。事实上，她白天织布，晚上悄悄把织好的布拆掉。与帕涅罗珀相依为命的是奥德修斯的儿子忒勒马科斯（Telemachus），父亲离开的时候，他还是个婴儿。现在，他已经是一个二十岁的年轻人了。他从小就眼看着一拨又一拨的求婚者赖在家里，胡吃海喝，像蛀虫一样吞食着自己的家。他从未见过父亲，他说："我母亲说我确是他亲生的，我自己并不知道。没有人真正知道他的父亲是谁。"①终于，他决定离开家独自驾驶一艘小船到各个岛屿去打听父亲的消息。

就在年轻人离家寻找父亲的时候，奥德修斯的十年回家之旅也接近了尾声。这是史诗的另一条线索，通过奥德修斯在途中与朋友相遇交谈的方式，他讲述了自己离奇、曲折的经历。从他的叙述中，我们知道了他和他的伙伴们所遭遇的事情：在被狂风吹到遥远的海面上后，他们来到了一座岛屿上补充淡水和食物。这座岛上的居民都非常喜欢吃一种果实，叫作"忘忧果"。无论多少忧伤的人吃了这种东西后都会忘记所有的烦恼。奥德修斯派去的人吃了以后就再也不想回家了。得知真相的奥德修斯只能强行把这些人用锁链固定在船上，急忙离开了这座岛屿。第二次的惊险遭遇是在一座巨人岛上。他们登岛之后遇到了独眼巨人波吕斐摩斯（Polyphemus），巨人把所有的人都关在自己的洞穴里。白天巨人自己出去放羊，晚上回家后吃掉他们中的一位。几天以后，奥德修斯用随身携带的一皮囊美酒灌醉了巨人。然后他们一起抬起一根早已偷偷磨得很尖利的木头插进了巨人那只唯一的眼睛。天亮后，瞎眼的巨人只能守在洞口，用手数着一头头的羊放它们出去。奥德修斯早已经把伙伴们一个个捆绑在羊肚子下面。混杂在羊群中，一行人终于逃了出来继续航行。

离开了巨人岛后，他们来到了风王所统治的国度。在这里聚集着世界上所有的

① 大卫·邓比.伟大的书——西方经典的当代阅读[M].苇杭,译.北京:国际文化出版公司,2006.

风。风王艾俄洛斯（Aeolus）热情款待了奥德修斯他们，临行之前还送给奥德修斯一只扎得紧紧的皮囊。这只皮囊装着所有的暴风。奥德修斯的船队得以在非常有利的风向中航行。眼看就要抵达家乡的海域了，奥德修斯疲劳至极睡过去了。在他熟睡的时候，有个水手忍不住好奇想看看风王到底送给了奥德修斯什么样的珍贵礼物。就在皮囊被解开的一瞬间，暴风骤起。风雨交加之中，他们的船再次漂泊到了遥远的异乡。

接下去，他们遭遇了食人族，这次遭遇的结果非常糟糕。奥德修斯的其他船只都被巨人吞噬，唯有他所乘坐的船只得以逃脱。而在接下去的行程中，他们所遭遇的险情一次比一次严重。所有的伙伴都相继丧生，最后只剩下奥德修斯一个人，还被某位女神强留在一座岛上很长时间。但无论何时何地，奥德修斯都没有终止过回家的努力。十年就这样过去了，诸神觉得给奥德修斯的惩罚差不多够了。于是，在雅典娜的帮助下，奥德修斯才得以踏上了故乡的土地。《奥德赛》中这样描述奥德修斯回到家乡的模样："伟大的奥德修斯在河中浴过，洗去了他身上的/贴附在背部和宽肩上的盐水，/他从他头上洗刷去了荒瘠大海的盐粒。/当他洗浴完毕，在身上涂了橄榄油，/穿上了这个未嫁少女给他的衣服，/宙斯的女儿雅典娜便使他的体格/看上去更高大健壮，也使他头上/披散的卷发看起来像风信子的花瓣。"①

回到家的奥德修斯首要的任务是清理那些不请自来的求婚者。他假扮成一个流浪汉混进了宫殿，在儿子和雅典娜女神的协助下，把所有的求婚者都毫不留情地杀掉了。史诗中再次弥漫了鲜血的气味："而现在雅典娜挥舞着神盾，给人类带来灾殃，/从高高在上的屋顶，令所有的人呆若木鸡；/他们在厅堂内四散奔逃，像一群牲口/在白昼渐长的春天/被马蝇狠狠叮住，弄得发狂；/但另一批人，像是尖爪、钩喙的秃鹰，/从山上飞下来劫掠比较小的鸟；/这些在平原上的，快速地跑开以躲避云层，/但秃鹰俯冲在他们身上毁灭了他们，完全不受/抵挡，不让一人逃脱，而这些人乐于狩猎；/于是这些人横扫宫殿，打倒了/一个又一个追求者；地板上蒸腾着/鲜血，并传来头被打破时人的惨叫声。"②当奥德修斯用这样一种方式解决威胁自己利益的人时，我们看到了《荷马史诗》所代表的那种文明中的黑暗部分：对无情力量的崇拜。

结语

伟大文学中的一切，每一个人物、每一种行为和每一行字句，都可能在显而易见的意义之外另有所指，说不定还是完全相反的东西。荷马史诗就是这样一部作

① 大卫·邓比.伟大的书——西方经典的当代阅读[M].苇杭,译.北京:国际文化出版公司,2006.

② 大卫·邓比.伟大的书——西方经典的当代阅读[M].苇杭,译.北京:国际文化出版公司,2006.

品。所以，如果只是从简单的故事层面去理解这部史诗，认为它只是讲述了一场战争或一次历险，是远远不够的。这部被视为西方文学传统之初的作品，有着太多的面具和悖论性的精神气质，值得我们不断回味。

六、涤荡人心人性的雅典悲剧

随着希腊文明的进一步演化，《荷马史诗》之后出现了戏剧。它是当代西方戏剧艺术之源头。古希腊戏剧的兴盛有其深刻的政治、经济和文化背景。首先，是雅典城邦民主制的建立。这种制度的核心就是城邦里没有国王，最高权力机构是全体公民大会——公民抽签组成的“五百人大会”，而执行机构为公民选举产生的“十将军”所组成的团队；其次，希腊人在希波战争中获得马拉松之役和萨拉米之役的重大胜利，而城邦制的代表雅典成为希腊的盟主。对当时的雅典人来说，剧场不仅仅是希腊文化活动的中心，也是自由民主的政治讲坛，这大大促进了古希腊戏剧的繁荣。

（一）背景知识介绍

一般来讲，古希腊戏剧分为悲剧和喜剧。从目前存世的剧目来看，悲剧的数目和影响似乎要超过喜剧。但这并不意味着在当时，喜剧的成就必定低于悲剧。文学的流传既有某种必然的因素也有许多偶然的因素。不管怎样，从目前的结果来看，悲剧似乎胜过了喜剧。

关于古希腊戏剧的起源目前学界也存有多种声音。大致说来，有以下三种：由伯罗奔尼撒北部的山羊歌唱队发展而来的“山羊之歌”；阿提卡乡村在节庆中关于死亡等悲伤事件的严肃表演；狄奥尼索斯庆（祭）典中的“酒神颂歌”。

悲剧的题材主要源自古希腊神话和《荷马史诗》。悲剧重构并强化了神话和传奇素材的道德意义与哲学思考。戏剧家们是阐释者，借以表达自己对政治、宗教、伦理道德和社会心理等各种问题的看法。

（二）埃斯库罗斯和《俄瑞斯忒亚》

虽然在古希腊悲剧繁盛的近二百年间涌现了许许多多的戏剧诗人，但是，流传下来最为有名的只有三位。首先，就是被称为“悲剧之父”的埃斯库罗斯（Aeschylus）。之所以有这样崇高的声誉，主要在于他最早在戏剧中引入第二位演员，使剧中人物直接产生戏剧要素——冲突，突出戏剧对话的作用；他还发明了故事连贯的三联剧（三部曲）形式，增加了戏剧在内容方面的涵容量；他在服装和道具运用方面呈现异域风格和恐怖色彩，创造出非同寻常的舞台效果；最后，他的作品反映着整个古希腊世界的神话、政治、文化和历史状况。可以说始终以或明或暗的方式影响着西方思想史的进程。

从目前的资料来看，埃斯库罗斯终其一生，创作了八十部悲剧，现存七部。分别为：《波斯人》，以希波战争为题材，是现存埃剧中唯一以现实为题材的悲剧；《七将攻忒拜》，它属于三联剧之一。在这部剧中，内容与形式的结合达到了一种高度的完美，第一、二演员与合唱队的关系显示出一种必然性的命运关系；《乞援人》，也是三联剧之一。它对希腊的血亲通婚制的研究具有重要史料价值。长达140行的颂诗让我们窥见古希腊人很高的音乐、戏剧和舞蹈艺术修养；《被缚的普罗米修》，三联剧之一。这是一部最著名也是影响最大的作品。主题崇高、风格雄伟庄严，被称为人类最伟大的两部诗剧之一；《俄瑞斯忒亚》，这是目前埃斯库罗斯唯一存世的完整的三联剧，它包括了《阿伽门农》《奠酒人》《报仇神》。《俄瑞斯忒亚》（三联剧）在西方学界被认为是古希腊最成功的悲剧之一，在欧洲文学史上具有特别重要的意义，也是埃斯库罗斯创作中构思最复杂、最深刻的作品。剧中对神学—政治问题的处理，是后人重新理解雅典启蒙政治初期公众信仰转折和民主政治兴起的重要切入点。

《俄瑞斯忒亚》取材于神话，以“阿特柔斯家族的诅咒”为背景展开情节。在古希腊的神话中，流传着这样一个故事：

有个古老的家族，第一代先祖是宙斯的儿子，名叫坦塔罗斯（Tantalus）。由于是神的儿子，他享有凡人所没有的特权和财富，诸神的宴会上也常常有他的身影。渐渐地，他觉得诸神没有什么了不起的。为了挑战一下神与人之间的界限，他进行了一个极其荒唐的试验：用他自己儿子的肉做成菜肴来款待诸神，看看诸神是否能够被欺骗。当然，这一行为马上被识破了，诸神非常愤怒。他们复活了那个不幸的儿子，也惩罚了坦塔罗斯。从此之后，坦塔罗斯被永久性地放在冥界的一个池塘里，池塘的上方是周围果树所垂挂下来的累累果实。一旦坦塔罗斯口渴想低头喝水的时候，池塘的水立刻就下降到他的嘴巴够不到的地方；当他想抬头吃上面的果子时，树枝就立刻上升到他的嘴巴够不到的地方。就这样，他站在水里，喉咙永远干渴难耐；眼前有许多食物，可是永远饥肠辘辘。诸神希望用这种方式警示凡人妄图欺骗神灵的狂妄和叛逆之心。

坦塔罗斯的儿子被诸神复活后平安地长大，并没有做出疯狂的举动。但是，坦塔罗斯的女儿尼俄柏（Niobe）不幸继承了父亲的狂妄。起初，诸神对她照顾有加，让其拥有幸福的婚姻，庞大的家业，众多的儿女。她的七个儿子个个俊朗健壮，七个女儿个个貌美如花。总而言之，她的生活完美无缺。她渐渐觉得很多女神的生活也比不过她。有一天，她公然对要去敬拜女神的民众说："你们与其去拜勒托女神，还不如来拜我。因为我的孩子是她的七倍，我是王后，而她只是无家可归的流浪者。"

凡人傲慢无礼的话语总会被诸神听到。弓箭之神阿波罗和狩猎之神阿耳忒弥斯迅速飞到忒拜城，把尼俄柏的儿女全部射死。尼俄柏被这突如其来的打击惊呆了。悲伤之情把她的心变得跟石头一样冷，只有眼泪还在不停地流。就这样，她变成了一块日夜流泪的石头。

第三代是两兄弟，叫阿特柔斯（Atreus）和梯厄斯忒斯（Thyestes）。先祖的疯狂基因仍旧在他们身上延续。弟弟梯厄斯忒斯爱上了哥哥的妻子，并成功诱惑了她。阿特柔斯发现妻子和弟弟的奸情后，决意报复。他杀了弟弟的两个儿子。梯厄斯忒斯伤心欲绝之余诅咒了这个家族，祈求上天给予这个家族最坏的厄运。

梯厄斯忒斯的诅咒在第四代中得到了实现。阿特柔斯的其中一个儿子就是著名的阿伽门农，另一个儿子就是海伦的丈夫墨涅拉俄斯。当阿伽门农率领庞大的希腊军队远征特洛伊的时候，迟迟无法等来可以扬帆的风。在众将领的要求下，他只能用自己的大女儿伊菲格涅亚（Iphigenia）作为祭品。得知女儿死亡的消息，阿伽门农的妻子克吕泰涅斯特拉（Clytemnestra）极为悲伤。她发誓要为女儿报仇。当阿伽门农在特洛伊打仗的时候，她与她的情人埃癸斯托斯（Aegisthus），也就是梯厄斯忒斯幸存的儿子，成了王国的实际掌权者。十年战争结束，阿伽门农躲过了诸神所掀起的暴风雨，荣耀而归。

悲剧《俄瑞斯忒亚》就此拉开了序幕。

当阿伽门农的船队在远处出现的时候，他的妻子克吕泰涅斯特拉已经做好了迎接他的准备。王宫前围聚了一群忧心忡忡的老者，他们知道这个家族的诅咒，担心着即将发生的一切。阿伽门农在宫殿门口发表了兴高采烈的演说，他的旁边则站立着从特洛伊带来的女子卡珊德拉。阿伽门农被妻子虚情假意地迎进了宫殿，卡珊德拉还在门口徘徊。她已经预知了阿伽门农和自己的命运，但是，她知道没有办法阻止这种命运的发生。最后，卡珊德拉勇敢地走进了这扇对她来说就是通向死亡的宫殿大门。不久，克吕泰涅斯特拉再次出现在宫殿门口，向众人宣告这个王国以后的统治者就是她和埃癸斯托斯了。阿伽门农已经在毫无防备的情况下，被击杀在宫殿的餐桌旁，一起被击杀的还有卡珊德拉。

阿伽门农还有一个儿子俄瑞斯忒斯（Orestes）和小女儿厄勒克特拉（Electra）。当克吕泰涅斯特拉把阿伽门农杀掉为自己的大女儿复仇时，俄瑞斯忒斯正好不在家。当父亲死亡的消息传来，俄瑞斯忒斯知道自己已经无家可归。他在异乡慢慢长大，始终背负着为父报仇的责任和义务。他的小姐姐厄勒克特拉一直在王宫里等待着弟弟归来复仇的那一天。但是，这个仇要怎样报呢？母亲的情人埃癸斯托斯是必须去死的，那么又该怎样对待母亲呢？厄勒克特拉就是在这种痛苦、矛盾的期待中等待着。

俄瑞斯忒斯比姐姐更清楚地看到了他所面临着的可怕抉择：为父亲报仇对他而言是超过一切的责任，而杀掉自己的母亲又是人神共愤的罪行。他来到德尔斐神庙请求神的指示，阿波罗神用明确的语言告诉他必须以人命抵偿人命。俄瑞斯忒斯知道了自己必须使得家族所受到的诅咒得以实现，首先要替父报仇，然后以死谢罪。就这样，他在好友的陪伴下来到了故乡。在父亲的墓前，他与姐姐汇合。三个人设定了复仇计划。他和好友假冒来自邻国的信使，说是带来了俄瑞斯忒斯已经死亡的消息。埃癸斯托斯非常高兴，想见到信使当面得知更多的消息。就这样，他们身藏利剑来到了宫殿。见到埃癸斯托斯后迅速拔剑杀掉了他。克吕泰涅斯特拉闻讯赶来，看到前来复仇的儿子。她没有拿起武器来加以抵抗，而是挺起胸膛对眼前的年轻人说："住手，我的儿子。看看，这是我的胸脯，你那沉重的小脑袋曾经依偎在这里安睡过，一颗牙的小嘴曾经吸吮过这里的乳汁，你就是这样长大的……"俄瑞斯忒斯转头对着朋友喊道："她是我的母亲啊，我能不杀她吗？"①他的朋友严肃地说："不行，阿波罗已经下达了命令，神意必须得以实现。"就这样，他杀死了自己的母亲克吕泰涅斯特拉。

从那一刻起，俄瑞斯忒斯就被恐怖的幻影所笼罩了。身边的人都看不见，唯有他能看见：一群全身都是黑色的女人，长长的头发像蛇一样。为了摆脱这些恐怖的身影，他只能流亡天涯。但是无论逃到哪里，这些影子都紧紧跟随，不分白天和黑夜。很多年过去了，俄瑞斯忒斯一直深受折磨，他变得憔悴不堪，失去了生命的一切欢悦。渐渐的，他意识到自己没有一项罪行是不能得到赦免的。他所犯下的杀母之大罪也应该可以得到赎清。多年来的孤单与流浪已经使得当年黑色的污点越来越淡了。于是，他前往雅典娜神庙请求帮助。

雅典娜女神倾听了他的祈求，阿波罗神也为他求情，因为俄瑞斯忒斯执行的是他的命令。但是，复仇女神，就是那些可怕的幻影并不愿意就此罢手。于是，雅典娜在神庙中设立了议事法庭，让争辩的双方充分陈述自己的意见。"现在，阿提卡

① 埃斯库罗斯．埃斯库罗斯悲剧三种[M]．罗念生，译．上海：上海人民出版社，2007.

的民人啊！听从我的指令，你们要第一次审判这流血案。将来，埃勾斯的民人会永远保存这审判的集会。在这个地方，城民的敬畏和他们天性上的畏惧将制止这不义，无论昼夜，只要城民自己不用恶行败坏法律，因为拿泥浆污浊的清水，也会使自己无法下咽。城民捍卫和尊崇的既不是无序，也不是僭政，倘若他们听从我的忠告。他们也不应该把恐惧完全驱除出城邦。那些无所畏惧的凡人还会有正义吗？”① 这部剧最终以俄瑞斯忒斯得到赦免结束了。复仇女神的名字也变成了和善女神。

从上述的故事梗概中我们就已经看到，埃斯库罗斯对神话的运用和重构是非凡的。首先，他颠覆了《荷马史诗》中关于特洛伊战争中悲壮的基调，而是尖锐地指出希腊人对特洛伊的劫掠不是成就而是亵渎，并且，希腊人在克敌制胜的过程中自我腐化了。这场战争黑暗而且堕落，阿伽门农的悲剧与其说是家族的诅咒不如说是历史的诅咒。从此，被认为是西方“核心”的文化之始，主要的精神并非只是赞扬或发扬过去的光荣，而是重审、批判和深入。

其次，可以把这部悲剧视为一个伟大的寓言。记载了从野蛮到文明，从血债血偿到法律，从复仇到正义的演进过程。雅典娜所设立的法庭具有深远的意义，它意味着不管是宙斯还是命运，一切事情都要依着正义而行。如何实现在多神背景下的正义，这是人类文明的试金石。

（三）索福克勒斯和《俄狄浦斯王》

对古希腊悲剧艺术做出不朽贡献的第二位戏剧诗人是索福克勒斯（Sophocles），他被后世誉为“戏剧艺术的荷马”。他一生共写过一百二十部左右的剧本，得奖二十四次，存世七部。它们分别为：《埃阿斯》《安提戈涅》《俄狄浦斯王》《厄勒克特拉》《特剌喀斯少女》《菲罗克忒忒斯》《俄狄浦斯在克罗诺斯》。虽然他是一个宁静幸福的人，然而却少有其他作家如他一样深刻而真实地抒写了人的痛苦与冲突。他对悲剧艺术的最显著贡献在于：引进第三个演员，使冲突进一步戏剧化；削减歌队的作用，使对话成为戏剧中占第一位的东西，并成为刻画人物的有力手段。

在目前存世的七部作品中，最有名的当属《俄狄浦斯王》和《安提戈涅》。前者被亚里士多德称为“十全十美的悲剧”，是古希腊悲剧艺术的典范。这部作品的题材同样取自神话：“忒拜系统的英雄传说”。

俄狄浦斯（Oedipus）是忒拜城国王拉伊俄斯（Laius）的儿子。他刚生下来的时候，父亲就得到神谕，说这个孩子会带来厄运。拉伊俄斯被这个预言所震惊，就命令人把婴儿杀死。但是，王后心存不舍，偷偷把婴儿交托给了一个牧羊人。牧羊

① 埃斯库罗斯．埃斯库罗斯悲剧三种[M]．罗念生，译．上海：上海人民出版社，2007.

人带着婴儿离开了忒拜，途中正好与科任托斯城的牧羊人相遇。交谈之中得知科任托斯城的国王一直没有子嗣，想收养一个男孩作为继承人。就这样，俄狄浦斯成了科任托斯城的王子。将近二十年过去了，俄狄浦斯平安无事地长大。但是，有一天，他在神庙中偶然得知了关于自己命运的预言，非常惊慌。他并不知道他现在的父亲是养父，所以，为了避免自己犯下不可饶恕的罪孽，他选择了离家出走。

漫游中的俄狄浦斯有一天来到了忒拜城附近，在一个狭小的三岔路口与一伙人发生了争执。结果，俄狄浦斯打死了其中的一位年长者，剩下的人都四处逃散了。俄狄浦斯继续他的漫游，又碰到了一个镇守隘口的斯芬克斯怪兽。在俄狄浦斯之前，这个狮身人面兽已经用它的一个谜语难倒了无数的过路人，并吃掉了这些人。现在，它用同样的谜语向俄狄浦斯提出了挑战，俄狄浦斯轻而易举地猜出了谜底：人。斯芬克斯因为羞愧自尽。从此，这个很长时间来令过路人闻风丧胆的隘口变得畅达平安了。俄狄浦斯的这个功绩很快传了开去，等到他进入忒拜城的时候，所有人都来欢迎这个英雄。而这时的忒拜城正处于王位空悬的时期，他们的老国王不久前刚刚去世。就这样，在民众的要求下，俄狄浦斯就当上了忒拜城的国王。根据当时的风俗，新就任的国王也要同时娶前国王的妻子伊俄卡斯忒（Jocasta）。在俄狄浦斯的统治下，忒拜城繁荣富强，人们幸福地安居乐业。但是，很多年后的某一天，忒拜城陷入了危机和恐慌：所有的植物和动物不再繁衍它们的后代。作为国王的俄狄浦斯忧心忡忡，他来到神庙祈求这个灾难能有破解的办法。神谕告诉他必须查出杀害前国王的凶手，忒拜的瘟疫才能解除。于是，尽管事件已经过去了很多年，俄狄浦斯还是决定进行调查。在他锲而不舍的查证过程中，许多线索似乎都指向了那个可怕的神谕。周围爱他的人们也以各种暗示希望俄狄浦斯能够停止调查。但是，想知道真相的俄狄浦斯并没有因此而停止。虽然从另一方面来讲，他多么不希望当年那个神谕是真的。最后，当年的两个牧羊人也被俄狄浦斯找到了，他们各自所带来的消息终于拼凑出一幅完整的图景。随着最后的真相大白，极为震惊的俄狄浦斯自己刺瞎了双眼，从忒拜城出走，开始了自我放逐的流浪。

当然，索福克勒斯的剧本并没有按照本文刚才所述的情节推进展开，而是直接从忒拜城民众在瘟疫的哀歌中开始。从而把这个异常错综复杂的故事以高度的概括集中在忒拜王宫前一处，在很短的时间内就把矛盾层层揭示出来并加以解决。从而强化了戏剧冲突和悬念对观众的吸引力。透过神话的故事层面，悲剧提出了一连串极为深刻的疑问：俄狄浦斯并不傲慢，对人民爱护对神敬信，然为何多磨难？俄狄浦斯弑父娶母，但为什么在诗人和观众的心目中他仍旧是个英雄？可以这么说，这部悲剧清晰地呈现了古希腊艺术的不朽魅力：希腊的古典主义不是一种致力于“宁静”的风格，而是要在不可控制的事物之中创造出艺术。

（四）欧里庇得斯

第三位伟大的悲剧诗人是欧里庇得斯（Euripides），相对于前两位诗人，他作品中的哲学意味最为浓厚。因此，被人称为"舞台上的哲学家"。他所处的时代把他看作一个叛逆者。他客死于马其顿，但其传世的作品却是最多的，共存世18（或19）部。对希腊化时期的新喜剧、罗马文学和后世欧洲文学都有很大影响。在欧里庇得斯的作品中，较为广大读者所熟知的有《美狄亚》《安德洛玛刻》《希波吕托斯》《赫卡柏》《特洛伊妇女》《伊菲革尼亚在奥里斯》《腓尼基妇女》《酒神的伴侣》等。从这些剧目中我们能发现一个颇为有趣的现象，那就是他的作品多以女性作为核心人物来展开。所以，现在有很多研究者把欧里庇得斯视为女性主义的先驱者。比如，他通过对美狄亚这个非常特别的女性形象的塑造来探索女性在母亲身份之外的存在。

统观古希腊的三位悲剧诗人，他们所生活的时代虽然相隔不远，但其创作风格和表现主题还是呈现了某种差异和变化。埃斯库罗斯侧重于写神对人的正义诉求，索福克勒斯按人应当具有的样子去写，欧里庇得斯则还原了本来面目的人。

结语

作为欧洲文学史上第一部文艺理论作品，亚里士多德在其《诗学》中对悲剧这一体裁进行了清晰的定义：悲剧是对一个严肃、完整、有一定长度的行动的摹仿；摹仿的媒介是语言，语言具有各种悦耳的声音，分别使用于剧的各个部分；摹仿的方式则借助人物的动作来表达，而不是采用叙述法；悲剧借引起怜悯与恐惧来使情感得到净化。根据亚里士多德的理论，凡被称为悲剧的作品无论其风格如何变化，其内在的精神气质都有一个共同的内核，那就是悲剧的"卡塔西斯"作用，即同时具有宣泄、净化、澄明和升华的功能。

◎ 应用文写作篇

行政公文

一、通知

（一） 通知的适用范围及特点

通知适用于批转下级机关的公文，转发上级机关和不相隶属机关的公文，发布文件；传达要求下级机关办理和需要有关单位周知或者执行的事项；任免人员。

通知是各级党政机关、人民团体、企事业单位在公务活动中最常用的一种公文，使用范围相当广泛。通知具有三个特点：

1. 使用范围具有广泛性。通知不受发文机关级别高低的限制；对通知的行文路线限制不严，主要作上级机关对下级机关、组织对所属成员的下行文，但平行机关之间、不相隶属的机关之间，有时也可使用通知知照有关事项；通知写作灵活自由，使用比较方便。

2. 文种功用多具有指导性。上级机关和组织向下级机关、组织用通知行文，都明显体现出指导性。特别是部署和布置工作、批转和转发文件等，都需明确阐述处理某些问题的原则和方法，说明需要做什么，怎样做，达到什么要求等。一部分通知对下级或有关人员有约束力，起指挥、指导作用；另一部分通知则主要起知照作用。

3. 有明显的时效性。通知事项一般是要求立即办理、执行或知晓的，不容拖延。有的通知如会议通知，只在指定的一段时间内有效。

（二） 通知的主要类型

根据内容与作用，通知可分为以下几种类型：

1. 指示性通知。有关行政法规和规章、办法、措施，不宜用命令（令）发布的，可使用这种通知行文。指示性通知往往带有强制性、指挥性和决策性的特点。

2. 批示性通知（批转、转发性通知）。用于发布某些行政法规，转发上级、同级或不相隶属机关的公文以及批转下级机关的公文。这类通知包括批转性和转发性两种。批转性通知，适用于上级机关对下级部门的文件加批语下发，需在标题中加“批转”两字；转发性通知是“转发”有关文件的通知，同样需在标题中注明“转发”字样。

3. 事项性通知（工作通知）。要求下级机关办理某些事项，除交代任务外，通常还提出工作原则和要求，让受文单位贯彻执行，具有强制性和行政约束力。有些工作任务，不宜采用命令和意见行文的，可使用这种通知。

4. 知照性通知。用于告知某一事项或某些信息的通知，诸如庆祝节日，成立、调整、合并、撤销机构，人事任免，启用新印章，更改电话，更正文件差错等，都可用这种通知行文。

5. 会议通知。即告诉有关单位或个人参加会议的通知。

（三） 通知的结构与写法

各种类型的通知各有不同的写法。以下介绍各类通知标题和正文的一般写法：

1. 标题。通知的标题有完全式和省略式两种。完全式标题是发文机关、事由、文种齐全的标题，省略式标题则根据需要省去其中的一项或两项。省略式标题有如下三种情况：

（1）省略发文机关。如果标题太长，可省略发文机关。如“关于县级市经济管理权限的通知”，这个标题便省略了发文机关。省略发文机关的标题很常见。如果是两个单位以上联合发文，不能省略发文机关。

（2）省略多余的“关于”和“通知”字样。发布性和批转性通知的标题一般是“发文机关＋发布（批转、转发）＋被发布文件标题＋通知”。被发布、批转、转发公文为法规、规章时，一般应加上书名号，有时由于被批转、转发公文标题中已有“关于”和“通知”字样，或者被批转、转发的公文标题比较长，这时，通知的标题一般可保留末次发布（批转、转发）文件机关和始发文件机关，省略多余的“关于”和“通知”字样。否则，就会出现一个标题中有多个“关于”和“通知”的现象，显得很长，读起来也拗口。如：“××县人民政府关于转发《××市人民政府关于转发〈××省人民政府关于转发人事部关于×××同志恢复名誉后享受××级待遇的通知〉的通知》。”这个标题有四个层次，用了三个“关于转发”，两个“的通知”，很拗口。可把这个标题简化为“××县人民政府转发人事部关于×××同志恢复名誉后享受××级待遇的通知”。至于被省、地区等转发过的内容，可在转发意见中交代清楚。

（3）省略发文机关和事由。如果发文范围很小，内容简单，那么这样的通知标题可以省略发文机关和事由，只写文种“通知”二字。

2. 正文。通知的正文主要包括缘由、事项、要求三部分。主体在事项部分。下面分别介绍几种通知正文的写法：

（1）事项性通知的写法。事项性通知正文的写作，要使受文单位了解通知的内容（即事项）以及做什么，怎样做，有什么要求。正文一般分三部分：

第一部分是开头，一般是说明为什么要发此通知，目的是什么。

第二部分是主体，即事项部分，将通知的具体内容一项一项列出，把布置的工作或需周知的事项，阐述清楚，并讲清要求、措施、办法等。

第三部分是结尾，多提出贯彻执行要求，如“请遵照执行”“请认真贯彻执行”“请研究贯彻”等习惯用语。

写事项性通知，要开门见山，忌拐弯抹角。在叙述事项时，要突出重点，把主要的、重要的写在前面。根据需要，主要的内容可详写，讲清道理，讲明措施，次要的内容则尽量简略，扼要交代即可。在语言表达方面，通知主要以叙述为主，有时可以适当做一些分析、说理。但通知中的说理不需要像议论文那样呈现严密的逻辑性，只要抓住关键问题，用简洁的语言把道理阐述清楚即可。

（2）知照性通知的写法。知照性通知的正文，只要写清楚行文的依据、目的和事项即可。要求文字简练、明白。

（3）会议通知的写法。会议通知依据其不同类型，有不同的写法。通过文件传递渠道发出的会议通知，一般应写明会议召开的原因、目的，会议名称，主要议题，到会人员及报到时间、地点、需要的材料等。通常采用条文式写法，要求内容周密、语言清楚、表述准确，不致产生歧义。

供机关、单位内部张贴或广播的周知性会议通知，正文开头可不写受文对象，只需说明会议时间、地点、内容、准备材料及出席人员等。

（4）任免通知的写法。任免通知的写法比会议通知更为简单，一般的固定格式是：按任免决定写上任免人员即可。

（四）通知的写作要求

1. 不同类别的通知，写作的具体要求不同。因此，写作时要准确判断通知的类型，了解不同通知的写作要求。

2. 要合理安排通知的结构。对于事项较多，内容较杂的通知，要注意详加分析，合理归纳，使之层次分明，分段合理。善于用加序号或标小标题的方法帮助安排结构。

3. 通知的内容要主次分明，要符合国家的方针、政策和法令，对转发文件的解释、说明、要求等部分要符合实际情况。

（五）例文

【例1】

××市人民政府
关于××、××两个市辖区有关税收政策问题的通知

各区人民政府、市府直属各单位：

为了贯彻统一税法、公平税负、平等纳税的原则，以利于建立市场经济体制，促进经济的发展，现就××县撤县后的有关税收政策问题通知如下：

一、设在××、××两区的所有企事业单位（含个体工商业户，下同），对其生产、经营的收入，统一征收产品税、增值税和营业税，具体政策按××经济特区现行有关规定执行。

二、设在××、××两区的所有企事业单位，按照××经济特区的规定，一律按15%的税率征收企业所得税，免征地方所得税和地方附加税；统一执行《××经济特区企业所得税计税标准的暂行规定》。设在××、××两区的所有内资企业，一律实行税利分流、税后还贷、税后承包、税后分成。

三、设在××、××两区的所有企事业单位和个人，按照××经济特区的规定，统一征收房产税、车船使用税、城市维护建设税、印花税、特别消费税。

四、××、××两区按照××经济特区的有关规定，征收个人所得税和个人收入调节税。

五、××、××两区的各项税收优惠政策，除对地产地销产品减免税的规定不能执行外，其余均按照××经济特区的有关优惠政策执行。

六、××经济特区没有开征的税种，××、××两区同样不予开征。

七、上述通知，从二〇××年×月×日起执行，过去的规定与本通知有抵触的，以本通知为准。

××市人民政府

二〇××年×月××日

【评析】

这是一篇指示性通知，正文第一段写通知缘由，其后几段写通知事项，写得具体明确，语气肯定，条理清晰，便于执行者贯彻落实。这种写法属于条项式，也是公文写作中经常采用的方法。

【例2】

关于召开全省民政工作会议的通知

各市人民政府、行政公署，省直各单位：

为了贯彻全国民政工作会议精神，省政府决定召开全省工作会议。会议的主要议题是：传达学习全国民政会议的主要文件和领导讲话，讨论研究贯彻的意见和措施，请你们提前做好准备。

参加会议人员：各市人民政府、行政公署分管民政工作的领导同志和各市、行署的民政局局长，省直各单位的负责同志。

会议拟开五天，地点××宾馆，于八月十五日前来报到。

××省人民政府办公厅

××××年×月×日

【评析】

这份会议通知是一个反面案例。它至少有三个毛病：一是内容不够明确。会议的名称、议题都清楚，但内容不够具体明白，不知道研究什么具体问题，也不知道与会人员需做什么准备。二是参加会议人员不够具体明确。属于省直单位的范围很广，包括党、政、工、群、公、检、法等，哪些单位参加不够清楚。需要写清楚有关单位，还要附上单位名单。另外，"省直单位负责同志"有若干位，只来一个还是都来，也没有写清楚。三是报到时间不明确。"八月十五日前来报到"，是八月十五日之前还是八月十五这一天报到？可见，很简短的通知，也必须按要求将有关问题写得具体、清楚。

二、通报

（一）通报的适用范围及特点

通报适用于表彰先进，批评错误，传达重要精神或者情况。

通报有两个特点：

1. 内容的真实性。真实是通报的生命。通报的任何情况、事件都必须是真实的，不能有差错，更不能编造假情况。

2. 目的的晓谕性。表彰先进的通报，对被表彰单位是一种鼓舞、激励；对其他单位是一种教育，引导其找差距，学先进；对后进单位是一种鞭策，激励他们学习先进，迎头赶上。批评性通报的目的则是让人们知道错误，认识错误，吸取教训，改正错误，引以为戒。交流情况的通报，是让人们了解通报的事项。

（二）通报的主要类型及行文方向

根据通报的作用和应用范围，可将通报分为三类：

1. 表彰通报。用于在一定范围内表扬好人好事。

2. 批评通报。用于在一定范围内批评错误，纠正不良倾向。

批评通报和表彰通报，都是下行文，制发单位没有级别限制。

3. 情况通报。多用于向有关方面知照应该掌握和了解的信息、动态，以供工作参考。

情况通报多作下行文，有时也兼作平行文。

（三）通报的结构与写法

1. 标题。通报的标题通常由发文机关、事由和文种三个要素构成，有时可省略发文机关和事由，只写“通报”二字。但比较重要的通报则不能省略。

通报的签署和时间也可以在标题下方，这样则不再落款；通报也可以有抬头、落款，时间则写在发文机关下面。

2. 正文。

（1）表彰通报正文的一般写法：

①叙述先进事迹，包括时间、地点、人物、事迹；

②对上述事件进行分析、评议，指出其典型意义或概括其主要经验。语言要简明概括；

③提出表彰或发出号召。

如果是转发式的表彰通报，正文部分先对下级机关所发的这个材料进行评价，加上批语，即对被表彰者进行评议，再发出号召或提出要求。

（2）批评通报正文的一般写法：

①通报缘由，即将事故或错误事实的时间、地点、经过、情况、后果等交代清楚；

②对事故进行分析评议，重点分析事故发生的原因，指出事故的性质及其危害，并提出处分决定；

③写明防止此类事故的措施，要对症下药，提出告诫或重申某一方面的纪律。

（3）情况通报的一般写法：

情况通报的正文，关键在于对情况的掌握要准确、全面、充分。它的正文包括：

①叙述情况；

②分析情况，阐明意义；

③提出指导性意见。

（四）通报的写作要求

1. 注意时效性。发通报要抓住时机，及时将先进典型和经验向社会宣传推广，对反面典型予以揭露，引起警戒。对某些重大事项和重要情况，及时予以通报，以起到交流情况、信息，指导工作的作用。错过时机的通报，就失去了它的时效性，没有行文的意义了。

2. 注意指导性。不能事无巨细都发通报，要选择对工作有普遍指导意义的事项来发通报。通报要有普遍的指导意义，就应选择典型。先进的典型要能反映事物的本质特征，能揭示时代的本质，体现时代的精神。反面的典型，应有一定的代表性，能体现鉴戒的作用。所以，通报只有选准、选好典型，才能起到激励教育、推动工作和批评警戒的作用。

3. 注意真实性。通报中所涉及的事例，必须是客观存在的，经过反复调查认为是真实可靠的，绝不允许捏造和虚构。同时，事例的反映要准确，不能夸大或缩小，要实事求是。通报在结尾提出的希望和号召，也必须切合实际，有一定的针对性，使读者能够接受或得到启示。

（五）例文

【例3】

关于对市×××化工厂实现安全生产年的表彰通报

市×××化工厂采取有力措施，切实贯彻《安全生产条例》，建立安全生产岗位责任制，200×年实现全年生产无事故，成为我市第一个安全生产年优秀企业。为此，市政府决定对×××化工厂给予通报表扬，并奖给锦旗一面，奖金×××××元。

市政府号召全市各企业以×××化工厂为榜样，层层建立健全安全生产岗位责任制，扎扎实实抓好安全生产，争创安全生产年企业，把我市安全生产推上一个新台阶。

××市人民政府（印章）
二〇〇×年×月××日

主题词：表彰　通报

【评析】

这是一则表彰通报。也是我们使用通报这个文种常见的样式。

这则通报，虽简短，却规范，标题表明主旨，正文条理分明，表彰什么、表彰的具体做法都很清楚；另外，结合表彰把落脚点放到推动全市安全生产上，也体现了此则表彰的最终目的。

【例4】

中华人民共和国教育部关于××大学
处理一个学生侮辱教师的问题的通报

各省、市、自治区高教（教育）厅（局），全国重点高等学校：

最近××大学对一个学生在实验课中不遵守学习纪律和侮辱教师的问题，给予处分，并将校委会的决定正式公布。这样处理是对的。一切学校要提高教学质量，一方面是教师必须根据党的教育方针和学校的培养目标，认真地教好课程，关心和爱护学生，对学生提出严格的要求；另一方面是学生必须按照教学计划的要求，尊重教师的指导，遵守学习纪律，认真地学好功课。现将××大学的布告全文印给你们，供参考，希望引起大家的注意。

附：××大学布告一份。（略）

中华人民共和国教育部（印）
××××年×月×日

【评析】

这则通报是教育部根据某大学处理一个在教学实验中对教师进行侮辱的学生而发的。从内容看，这则通报类似一则按语。第一部分从开头至“这样处理是对的”，说明通报的事由并肯定和同意校委会的处理决定；第二部分从“一切学校要提高教学质量”至“认真地学好功课”，是对学校和老师提出正面要求，对学生进行正面教育；第三部分即最后一句话，提出印发通报的目的，即警惕类似事件的发生。

三、报告

（一）报告的适用范围及特点

报告适用于向上级机关汇报工作，反映情况，答复上级机关的询问。

报告主要有三个特点：

1. 内容的实践性。这一特点集中体现在工作报告上。工作报告是对本单位所做过的工作的回顾和总结，只有做过的工作，才能写进报告，没有做过的、只停留在计划里和口头上的豪言壮语，不能作为报告的材料。怎样做就怎样写，做得好的总结经验，做得不好的吸取教训，不能弄虚作假，也不能抄几段文件内容搪塞。其他类型的报告也应以实践为依据。

2. 表述的概括性。这是报告的文体特点。报告是以叙述和说明为主要表达方式的文种，但它的叙述和说明是概括性的，要求作粗线条的勾勒，而不必详述过程，更不要求铺排大量的细节。写作者只有领会了这个特点，才能写出篇幅短小而又有分量的报告来。

3. 选材的灵活性。报告选材的自由度很大，写什么、不写什么，选择权掌握在发文单位手里。了解了这个特点，发文单位就可以根据实践挑选最有特色、最有价值、最有新意的题材和材料来写。当然，答复报告必须按上级的要求实事求是地写。

（二）报告的主要类型

1. 工作报告。指汇报工作的报告。例如，下级机关向上级机关汇报某一阶段工作的进展、成绩、经验、存在问题及打算，汇报上级交办事项的结果，汇报对某一指示传达贯彻的情况等。

2. 情况报告。指向上级机关反映情况的报告。例如，及时汇报本地区、本单位发生的重大事件，在一定范围内带有倾向性的情况，包括会议的情况等。

3. 建议报告。指汇报或提出工作建议、措施的报告。下级机关或主管部门向上级领导机关提出工作意见，贯彻某文件、指示的意见，解决问题的措施、工作方案等。有的建议报告一般只要求上级机关认可，这类建议报告称为呈报性建议报告。有的建议报告要求上级机关批准转发给下级机关执行，这类报告称为呈转性建议报告。

4. 答复报告。答复报告是指答复上级询问事项的报告。例如，上级领导对群众来信来访中反映的问题或文件材料中反映的问题，批示下级机关查办或询问有关情况，下级机关办理完毕，需用书面形式答复上级机关，此时使用的公文就是答复报告。

5. 报送报告。指向上级机关报送物件或有关材料的报告。

（三）报告的结构及写法

报告有多种写法，这里只介绍一般的结构和写法，同时指出实际写作中常见的一些毛病。

报告的结构包括标题、正文、落款三部分。报告的正文一般包括缘由、事项和结尾三部分。

1. 标题。报告的标题可根据需要省略发文机关。事由和文种不能省略。另外，报告的标题容易出毛病的部分是事由，对事由要注意概括、提炼。

2. 正文。各类报告正文的写作要点如下：

（1）工作报告。正文内容一般包括基本情况、主要成绩、经验体会、存在问题、基本教训、今后意见等几部分。这类报告篇幅较其他类型报告更长，应恰当安排其层次结构。可标出序数，分条分项陈述，也可列小标题分部分或分问题写。

基本情况可简要交代时间、背景和工作条件；主要成绩应把工作的过程、措施、结果和成绩叙述清楚；经验体会主要是指对工作实践的理性认识，要从实际工作中概括出规律性的东西来，以便指导今后的工作；存在问题要写出工作中的缺点与不足；基本教训是指工作失误的原因和值得吸取的教训；今后意见指改进工作的意见或者提出今后开展工作的建议。

不同类型的工作报告，在这些内容上各有不同的侧重点。

（2）情况报告。情况报告写法不强求一律，但都要力求做到：

①内容集中、单一，突出重点，抓住事物本质，实事求是地反映情况；

②把情况和问题讲清楚，把事情的经过、原委、结果、性质写明白；

③提出处理意见和建议，要写得具体、明确、简要，尤其要注意提出意见、建议的角度，不能在报告中夹带请示事项；

④理顺文章的思路和结构，无论是纵式结构还是横式结构，都要脉络清楚，层次分明；

⑤写作要及时，以便让上级机关和有关领导尽快了解重大、特殊、突发情况。

3. 报告的结尾。一般报告结尾都有提出要求的习惯用语，根据报告的不同内容使用不同的习惯用语。除呈转性建议报告常以“如无不妥，请批转有关单位执行”的请求式用语作结外，其他各类报告常以“特此报告”“专此报告”“请审阅”“请批示”等用语作结。

（四）报告的写作要求

报告写作一般要求在掌握充分材料的基础上，进行综合分析，提炼正确的主题和新颖的观点，然后用简洁的语言来表述。具体要求做到：

1. 立意要新。提炼主题，应该在掌握大量材料的基础上进行分析研究，归纳新颖的观点，从而提炼出能反映出本质的、带规律性的主题。

2. 内容要真实、具体。报告的内容必须是真实的，尽管选材具有灵活性，但也要实事求是，一是一，二是二，有喜报喜，有忧报忧，绝不能编造假情况，欺骗上级。所以，起草报告的人员，要深入调查研究，尽可能亲自调查了解，掌握第一手材料，然后进行分析归纳，去伪存真。材料要具体，既要有概括性的材料，也要有典型的具体事例。

3. 重点突出。报告的内容要根据主题的要求来安排，分清主次轻重。重点的、主要的内容，要安排在前面，应详写；非重点的、次要的内容，可略写；可写可不写的内容就不写。同时，要注意处理好点和面的关系，比如既要有典型的事例，又要有面上的综合性情况，做到点面结合，眉目清楚，说服力强。

4. 报告中不能夹带请示事项。对于报告，受文单位不用答复，如果夹带请示事项，不但不便处理，甚至还会贻误工作。

对呈转性建议报告中所提请求上级机关批转有关单位执行的意见，其实也是下级机关提出的建议，不应看作是一种请示。上级机关对此建议也不必向报告机关批示表态。

5. 注意情况报告与工作报告的区别。工作报告反映的是经常性的常规工作情况，而情况报告汇报的是偶发性的特殊情况；工作报告的内容相对确定，而情况报告的内容多不确定，因时因事而异；工作报告的写法基本稳定，而情况报告的写法灵活多样；有的工作报告有不同程度的说理，而情况报告重在叙述、说明有关情况。

（五）例文

【例5】

关于我省清理整顿公司工作的报告

国务院：

我省自××××年×月清理整顿公司以来，坚持既坚决又稳妥的方针，抓紧清理整顿方案的拟订和实施，积极查处了公司违法违纪案件，努力加强公司的建设和管理，基本完成了党中央、国务院赋予我们的任务，达到了预期的目的，现将这项工作情况报告如下：

一、撤并了一批流通领域的公司，解决了公司过多过滥的问题。（略）

二、查处了公司违法违纪案件，整顿了公司的经营秩序。（略）

三、认真做好撤并公司的各项善后工作。（略）

四、加强了公司管理和法规、制度建设。（略）

××省人民政府

××××年×月×日

【评析】

这是一篇工作报告，原文2000多字，范文为节选稿。

正文开头概括介绍了清理整顿公司的基本做法和效果，文种承启语之后，分四个方面，全面报告了清理整顿公司的工作情况，条理清楚。

【例6】

关于我校工会干部有关待遇的报告

市总工会：

×月×日函悉。现将我校工会干部有关待遇报告如下：

一、我校基层工会主席由教师兼任，每年减免工作量40学时。

二、部门工会主席任职期间享受本单位行政副职待遇，由教师担任的每年减免工作量30学时。

三、校工会委员任职期间减免工作量30学时；部门工会委员每年减免工作量15学时。

专此报告。

××大学工会

××××年×月×日

【评析】

这是一则答复报告。本报告是××大学工会接到上级工会来函询问工会干部待遇问题后所作的答复。报告正文，开头引叙来函，作为行文背景，接着以文种承启语导出主体。报告的主体，分条列项，言简意赅。结尾用“专此报告”作结。

四、请示

(一) 请示的适用范围及特点

请示适用于向上级机关请求指示、批准。

1. 请示的适用范围主要包括如下几方面：

（1）对上级有关方针、政策、指示或法规、规章不够明确或有不同理解，需要上级机关做出明确解释和答复。

（2）从本地区本单位的实际情况出发，需要对上级的某项政策、规定做出变通处理，有待上级重新审定，明确作答。

（3）在工作中出现新情况、新问题需要处理而无章可循、无法可依，需要上级机关做出明确指示。

（4）需要请求上级解决本地区、本单位的某一具体问题和实际困难。

（5）按上级机关和主管部门有关政策规定，不经请示有关部门批准，无权自行处理的问题。

（6）工作中出现了一些涉及面广而本部门无法独立解决的困难和问题，必须请示上级领导或综合部门，以求得他们的协调和帮助。

值得注意的是，凡本单位职权范围内的工作，经过努力能处理和解决的问题、困难，都应尽力自行解决，不要动辄请示，把矛盾上交。

2. 与报告比较，请示的特点更鲜明地表现为：

（1）行文内容的请求性。请示是向上级机关请求指示和批准的公文，具有请求的性质；而报告是向上级机关汇报工作、反映情况、提出建议、答复上级机关的询问或要求的公文，具有陈述性质。

（2）行文目的的求复性。请示的目的是请求上级指示、批准，解决具体问题，要求做出明确批复；而报告的目的则在于让上级知道、掌握某方面或某阶段的情况，不要求批复。

（3）行文时机的超前性。请示必须在事前行文，等上级机关作了批复之后才能付诸实施；报告则可在事后行文，也可在工作进行中行文，一般不事前行文汇报方案。

（4）请求事项的单一性。请示要求一文一事；报告可以一文一事，也可以一文数事。

（二）请示的主要类型

请示有多种分类。本书根据请示的不同内容和写作意图，将其分为两类：

1. 请求指示的请示。这类请示多涉及政策上、认识上的问题。

2. 请求批准的请示。这类请示多涉及人事、财物、机构等方面的具体问题。

（三）请示的结构及写法

请示包括标题、主送机关、正文和落款几部分。这里只介绍标题和正文写法。

1. 标题。请示标题内容包括发文机关、事由和文种，发文机关有时可以省略，如“关于丹霞山风景名胜区列为国家重点风景名胜区的请示”。写标题要注意，不能将“请示”写成“报告”或“请示报告”。标题中尽可能不要出现“申请”“请求”之类词语。

2. 正文。请示的正文包括请示缘由、请示事项、请示要求三部分。

（1）缘由。请示的缘由，实际上就是提出请示事项和要求的理由、背景及依据，要写在正文的开头。先把缘由讲清楚，然后再写请示的事项和要求，这样才能顺理成章，有说服力。请示的缘由写得充不充分，直接关系到请示事项能否成立，关系到上级机关审批请示的态度等。如果缘由比较复杂，不能为简要而简单化，必须讲清情况，举出必要的事实、数据，实事求是，具体而明白。

（2）事项。指请求上级机关批准、帮助、解答的具体事项。请示的事项，要符合国家法律、法规和实际，具有可行性和可操作性。因此，事项要写得具体、明白，并做出具体的分析。如果请示的事项内容比较复杂，则要分清主次，一条一条地写。

请示事项，不能出现不明确、不具体的情况，也不能把缘由、事项混在一起写。否则，容易使上级不得要领，不明白下级要求解决什么问题。

（3）要求。为了使请示的事项得到答复，发文机关一定要提出要求。请示的要求常用的写法有：“以上请示，请批复”“以上意见当否，请指示”“以上请示，请审批”等，虽然是很简单的一句话，但却是请示必不可少的内容。

（四）请示的写作要求

1. 一文一事。一份请示只能写一件事，这是《国家机关行政公文处理办法》的规定，也是实际的需要，如果一文多事，很可能导致受文机关无法批复。如果性质相同的几件事的确需写在一份请示中，则必须是同一机关可以批复的。

2. 单头请示。一份请示，只送一个上级领导机关，不能同时主送两个或两个以上机关。如有需要，对有关的单位可用抄送的形式。这样，可以避免出现推诿、扯皮的现象。受双重领导的机关向上级机关请示工作时，要根据请示内容的性质，主送一个上级领导机关，抄送另一个领导机关。

3. 不越级请示。请示与其他公文一样，一般不越级请示，如果因情况特殊或事项紧急必须越级请示时，要同时抄送越过的机关。请示一般不直接送领导个人，除非是领导直接交办的事项。把应由秘书部门统一办理的请示直接送领导个人，容易误事，甚至会造成领导者之间的矛盾。

4. 不抄送下级机关。请示是上行公文，不得同时抄送下级机关，更不能要求下级机关执行上级机关未批准的事项。

（五）例文

【例7】

关于丹霞山风景名胜区列为国家重点风景名胜区的请示

国务院：

丹霞山风景名胜区位于我省韶关市仁化、曲江两县境内，面积180平方公里，分丹霞山、韶石山、大石山三个景区，距韶关市区最近处10公里，最远处50公里，柏油公路直达主峰区，观光旅游的交通十分方便。

据地质考证，6500年前丹霞山所在地是一个大湖泊，由于造山运动，形成红岩峭壁和嶙峋洞穴，构成奇异自然风景。在全世界同类地形中，以丹霞山为最典型，“丹霞地貌”已成为国际地质学名词。现丹霞山景区已开发接待游人的范围为12平方公里，主要景点有87处，山、江、湖兼备，绿化良好，兼之摩崖石刻、寺庵、亭台楼阁点缀其间，自然及人文景观丰富。靠丹霞山南侧的韶石山景区，滂于浈水，是历史上舜帝南巡奏乐之处，内有“三十六石”的奇景；丹霞山西侧的大石山景区，类似丹霞山的奇山异峰，有丹寨幽洞、岩柱等自然景观。

在丹霞山风景名胜区附近，有“金鸡岭”“九龙十八滩”“古佛岩”“南华寺”“马坝人遗址”等风景区及名胜古迹，总面积约400平方公里。目前，粤北地区以丹霞山风景名胜区为中心形成了我省一条重要的旅游线。

根据国务院《风景名胜区管理暂行条例》，我们对丹霞山风景名胜区进行了资源调查、评价，编制了总体规划。现申请把丹霞山风景名胜区列为国家重点风景名胜区，请审批。

广东省人民政府

××××年×月××日

【评析】

这是一则请求批准的请示。正文第一段写丹霞山的地理位置和有关情况，第二段、第三段写丹霞山的风景名胜价值和旅游价值。第一至第三段可作为本请示的背景、缘由、依据。最后一段写作者单位为申请将丹霞山列为国家重点风景名胜区做了有关准备工作。结尾以请求语作结。

全文结构周密，语言与内容相适应，明晰简洁。

五、批复

（一）批复的适用范围及特点

批复适用于答复下级机关的请示事项。

批复具有三个特点：

（1）被动性。批复必须依赖请示而存在。先有请示后有批复。任何一份批复都是针对请示而做出的。

（2）针对性。批复内容有很强的针对性，请示什么事项，就批复什么事项。批复的内容是由请示的内容来决定的。批复的针对性还体现在批复的主送单位只能是请示的单位，涉及的有关单位必要时可以抄送，但范围必须有一定限制。

（3）权威性。批复具有权威性。上级机关通过批复表态准许怎样做，不准许怎样做。下级机关必须执行上级机关的批复意见。

（二）批复的类型

以批复的内容为根据，可以将批复分为肯定性批复和否定性批复。

1. 肯定性批复。表明同意下级机关就某项工作提出的请求，认可下级的某种设想或做法。

2. 否定性批复。不同意下级机关的要求，给下级机关否定的答复。

（三）批复的结构和写法

批复虽然篇幅比较简短，但有自身独特的结构要求，同时对语言的准确性、明晰性要求甚高。

1. 标题的写法。

（1）发文机关＋批复事项＋行文对象＋文种（完全式），如“国务院办公厅关于深圳特区私人建房问题给广东省人民政府并福建省人民政府办公厅的批复”。

（2）发文机关＋事由＋文种，如“广东省人民政府关于同意成立韶关市人民对外友好协会的批复”。

（3）事由＋文种，如“关于同意××××学院人文社科系举办校外××班的批复”。

（4）发文机关＋原件标题＋文种，如“佛山市人民政府《关于请求市领导裁决河滨路2号住宅楼产权争议的请示》的批复”。

2. 正文的写法。正文一般包括批复引语、批复内容和结束语三个部分。

（1）批复引语（引叙来文）。《国家行政机关公文处理办法》规定，引用公文，应当先引标题，后引发文字号。如："你局《关于……的请示》（×发［19××］×号）收悉。"引叙来文是为了说明批复根据，点出批复对象，使请示机关一看批复的开头，就明确批复的针对性。但要注意尽量避免批复引语和批复标题的重复。

（2）批复的事项。即针对请示中提出的问题，给予明确具体的答复。

如果完全同意，就写上肯定性意见。一般要求复述原请示主要内容后才表态，不能只笼统写上"同意你们的意见"。这样写，是考虑不与受文单位请示的具体内容脱节。

如果有的同意，有的不同意，就要写明同意的内容及不同意的内容和理由（同意的不用写理由）。

如果不予批准，一定要在否定性意见后面写明理由。

3. 结束语的写法。可以"此复""特此批复""专此批复"等收束用语作结，也可略去不写。

（四）批复写作的注意事项

写作批复除掌握其结构和写法外，还要注意以下几点：

1. 吃透请示的内容。批复是针对请示写的，要求写作人员认真研究请示的事项是否与近期的工作需要以及党的方针政策、国家的法律法规相符，还要研究请示事项的可行性。

2. 注意协调。批复内容若涉及其他部门，起草批复时应同有关部门商量，取得一致意见后方可行文答复。

3. 态度鲜明，批复清楚。批复的内容要简单、明确。对请示的事项哪些同意，哪些不同意，有什么具体要求，都要在批复中讲清楚，不能含混不清，也不能避而不答。

值得注意的是，在不违背以上要求的前提下，对不同意请示事项的批复，要注意下级的接受心理，体谅下级的实际困难和具体情况，使对方容易接受，以便及时做出相应安排。

（五）例文

【例8】

关于加强政策研究工作几个问题的批复

××××：

××××文收悉。省委、省政府意见如下：

一、按照机构改革关于政事分开的原则，你室不宜加挂××发展政策研究咨询中心的牌子。如确需设立该中心，可专题报省编委审批。

二、党政干部（包括政研干部）一律不搞职称评定。如省编委审批同意设立××发展政策研究咨询中心，则该中心在编从事研究工作的人员可按有关规定评审专业技术职称。

三、关于聘请特约顾问等兼职人员问题，建议参照省政府社会经济发展研究中心的办法，由你们自行聘任。凡超过离退休年龄的，一般应先退后聘。

四、同意来文中所提的其他意见。

××××

××××年×月×日

【评析】

这份批复正文首先写行文依据。主体内容属分条列项式，第一、二、三点针对请示提出的问题做出具体明确的答复；第四点写同意其他意见，表明了答复机关的态度。

【例9】

关于召开分公司
工作经验交流会问题的批复

××××：

××××××号文收悉。同意今年9月中旬在广州总公司召开分公司工作经验交流会，会议规模缩小为50人，会期2天。会址另定。会议所需经费请按节约开支的原则，编制预算报总公司审核。

××××

××××年×月×日

【评析】

这份批复正文分成两部分：第一句话引叙来文字号作为批复依据、背景，第二、三句话为批复意见。态度明确，条理清楚。

六、函

（一）函的适用范围及特点

函，适用于不相隶属机关之间商洽工作，询问和答复问题，请求批准和答复审批事项。具体来说，函的适用范围主要包括四个方面：

1. 平级机关或不相隶属机关单位之间的商洽性、询问性和答复性公务联系。

2. 向无隶属关系的业务主管部门请求批准有关事项。

3. 业务主管部门答复或审批无隶属关系的机关请示批准的事项。

4. 机关单位对个人的公务联系，如回复群众来信等。

函主要有三个特点：

1. 适用范围广泛，使用灵活方便。既可用于相互商洽工作，询问答复问题，又可用于向主管部门请求批准事项及主管部门审批或答复事项。

2. 行文方向具有多向性。既可平行，又可以上行、下行，但大多作平行文。

3. 短小精悍。函一般较短小，内容单一，语言简洁明了。有的函只有三言两语。函有公文“轻骑兵”的称誉。

（二）函的主要类型

1. 按照内容和用途，函可分成三种类型：

（1）商洽函。指主要用于平行机关或不相隶属机关之间商洽工作、联系有关事宜的函。如商调干部函、联系租赁函、洽谈业务函等。

（2）询问答复函。指主要用于不相隶属机关之间互相询问、答复处理有关问题的函。

（3）请批、批准函。主要指向不相隶属的业务主管部门制发的请批函，以及业务主管部门向不相隶属的机关单位制发的批准函。有关机关、单位涉及部门业务工作，需向不相隶属的业务主管部门请求批准，但又因互相之间不是上下级的隶属关系而不宜用请示行文，就应用函。同理，有关主管部门向不相隶属的机关单位批准某些业务事项（干部录用、调动、经费拨付等），也应用复函。在实际工作中，这类函常常误用为请示、报告、批复。

2. 按照文面规格，函可分为公函和便函。公函，按一般公文格式需写上标题、主送机关、正文、落款，也要编上发文字号。字号既可由机关办文部门按发文统一编号，也可按函件单独编号。便函格式灵活、简便，写法较自由，可不写标题、不编文号。便函不列入正式文件范围。

3. 按照行文方向，函可分为去函和复函。去函是主动发出的函。复函则是针对来函所提出的问题或事情，被动答复的函。

（三）函的结构和写法

1. 标题。函的标题有多种写法。一种是发文机关+事由+回复函对象+文种，如“国务院办公厅关于悬挂国徽等问题给湖北省人民政府办公厅的复函”，这是较重要的复函常用的标题。另一种只写事由+文种，省略发文机关，如“关于请求拨款举办‘民间艺术节’的函”“关于拨款举办‘民间艺术节’的复函”，前例为去函标题，后例为复函标题。

2. 正文。去函的正文开头，一般先写商洽、请求、询问或告知事项的依据、背景、缘由。事项部分应采用叙述和说明的写作方法，是什么就写什么，既要简明扼要，又要交代清楚。请求部分可多可少，如果事项很简单，可同事项写在一段，一气呵成；如果事项较复杂，请求较多，往往要单列一段甚至分条列项写。不论是哪一种内容，对哪一级，请求的语气都应是谦和的，既不巴结，也不生硬。如果要对方回复，则还要明确提出“请函复”“请复”之类的结语。

复函的正文写法同批复正文写法基本一样，由引语和答复意见两部分组成。引语就是引述来函标题及来函文号。答复意见即针对来函所提出的商洽、询问或请求等问题予以答复，即表示同意或不同意，不同意是什么原因，应该怎么办，不应该怎么办或对询问的问题做出说明等。常用的结语有“特此函复”“此复”等。

（四）函的写作要求

1. 开门见山，直叙其事。这是函的最基本写作要求。函是一种比较简便的行政公文，讲究快捷。所以，函的写作应简明扼要，切忌空话、套话或者含糊其辞，不知所云。

2. 措辞得体，平等待人。函的语言表达非常讲究，必须礼貌、谦和、诚恳。对上要尊重、谦敬，但不恭维逢迎；对下要严肃，但不自傲训人；对平行单位、不相隶属单位，要以礼待人，用商量口气，不盛气凌人。总之，语言表达要礼貌、得体、尊重对方，一般不用“必须”“应该”“注意”等指示性语言。

（五）例文

【例10】

关于商请派车运送民工的函

×××省交通厅：

为做好今年的春运工作，及时运送在我省工作的外省民工回家过年，我们组织了民工运送专门车队，但由于我们运力不足，车辆不够，估计不能满足民工的要求，特请贵省派出大型客车20辆，与我省组成运送民工车队，负责运送贵省在我省工作的民工。

妥否？请即函复，以便办理有关手续。

××省交通厅

××××年×月×日

【评析】

这是一则商洽函。正文的缘由部分，开门见山，即陈要旨，继而提出要求。文末一句，语言得体，又暗含催促对方办理的压力。

【例11】

关于拟录用××××届大中专毕业生的函

省人事厅：

根据中共××省委组织部、××省人事厅《关于××××年省级机关录用应届高校、中专学校优秀毕业生的通知》规定，我们对拟录用到我厅机关工作的大中专毕业生按规定程序进行了统一考试、面试、体检、政审。经厅党组研究，拟录用大中专毕业生24名。现将有关录用审批材料报上，请审批。

附件：录用审批材料24份

××省安全厅

××××年×月××日

【例12】

关于批准录用×××等
××名同志为国家公务员的函

省安全厅：

你厅《关于拟录用××届大中专毕业生的函》(国安政［××］××号) 收悉。

根据中共××省委组织部、××省人事厅《关于部分省级机关从××××年应届高校、中专毕业生中考试录用国家公务员和机关工作人员的通知》的规定，经考试、考核合格，批准录用×××等××名同志为国家公务员。

特此函复。

附件：录用人员名单

××省人事厅

××××年×月××日

【评析】

以上两则是请批函和批准函例文。

请批函正文，语态得体，文字简洁，先写发函的背景、依据，继而写做法、态度，然后结语提出请求。以附件24份节约正文篇幅，是个巧妙的处理。

批准函正文，引叙来函，作为复函背景、依据。批准项作为复函重点，依据明确，态度鲜明。文章以“特此函复”作结。此函行文简练准确，文字语气合乎批准机关身份。

七、会议纪要

（一）会议纪要的适用范围及特点

会议纪要适用于记载、传达会议情况和议定事项。

会议纪要原作为内部文件使用，1987年以后，才作为正式行政公文。会议纪要根据会议、会议文件和其他会议资料分析归纳写成。它既可上呈，又可下达，被批转或被转发至有关单位遵照执行，使用广泛。它的主要作用是沟通情况，交流经验，统一认识，指导工作。

会议纪要反映的内容比较复杂，可以是会议情况、议定事项，有时也可以反映议而未决的事项，以起一定的参考作用。

会议纪要主要有三个特点：

1. 纪实性。会议纪要须如实反映会议的内容和议定事项，不能把没有经过会议讨论的问题写进会议纪要。这样，才能起到传达会议精神、为有关单位提供工作依据、指导有关工作开展的作用。因此，纪实性是会议纪要的基本特点，也是撰写会议纪要的基本原则。

2. 提要性。会议纪要是会议的要点，不是会议记录，不能有闻必录，平铺直叙，而是必须对会议繁杂的情况和内容进行综合、概括性的整理，即概括主要精神，归纳主要事项，体现中心思想，使人一目了然，易于把握精髓。

3. 约束性。会议纪要一经下发，便要求与会单位和有关人员遵守、执行。在这一点上，会议纪要与党务决议基本一致，只不过比决议的规范性、严肃性程度低。

（二）会议纪要的主要类型和作用

根据会议性质的不同，会议纪要可以分为两类：办公会议纪要和其他会议纪要。

办公会议纪要用以传达由机关、单位召开的办公会议所研究的工作、议定的事项和布置的任务，要求与会单位和有关方面、有关人员共同遵守、执行。

其他会议纪要指专门工作会、专题讨论会、座谈会、学术研究会等形成的纪要。这类纪要，有的起通报会议情况的作用，使有关人员尽快知道会议的基本情况和主要精神；有的具有指导作用，它所传达的会议精神，可对有关方面的工作予以指导。

根据写法的不同，会议纪要又可分为条项式（决议式）纪要、综合式（概述式）纪要和摘要式纪要三种类型。

（三）会议纪要的结构和写法

会议纪要由标题和正文组成。在结构格式上与其他公文不同的是，会议纪要不需要写上主送单位和落款，成文时间多写在标题下方。会议纪要可不盖公章。

1. 标题。会议纪要的标题通常由会议名称和文种构成，例如“全国农村爱国卫生运动现场经验交流会纪要”。有的会议纪要的标题还可写上召开会议的单位名称，有的标题由正标题和副标题构成，正标题反映会议的主要精神和内容，副标题写会议名称和文种，例如“探讨新时期文学的发展——中国当代文学研究会第二次学术讨论会纪要”。

2. 正文。会议纪要的正文由导言、主体和结尾三部分组成。

（1）导言。导言即会议纪要的开头部分，一般是概括会议的基本情况，包括会议的名称、目的、内容、时间、地点、规模、参加人员、主要议题和会议成果等。导言不能写得过长，要简明扼要，让人们读后对会议有个总体的了解。

（2）主体。主体是会议纪要的核心部分。它根据会议的中心议题，按主次、有重点地写出会议的情况和成果，包括对工作的评价、对问题的分析、会议议定的事项、提出的要求等。主体的写法一般有三种：

一是条项式，就是把主体内容包括讨论的问题和议定的事项，按主次一条条列出来，使其条理化，一目了然。二是综合式，就是把会议的内容或议定事项，进行综合概括，分成若干个部分。这是一种比较普遍的写法，它有利于突出主要内容，分清主次，一般把主要的、重要的放在前面，而且尽量写得详细、具体一些，次要的和一般性的内容放在后面，可简略一些。用于批转的会议纪要，多采用这种写法。三是摘要式，就是把与会者具有典型性、代表性的发言要点摘录出来，按发言顺序或内容性质先后写出。这种写法的好处是，可尽量保留发言人谈话的风格，避免一般化和千篇一律，比较客观、具体。

（3）结尾。结尾一般写对与会者的希望和要求，有的会议纪要可不写专门的结尾用语。

（四）会议纪要的写作要求

1. 掌握会议的全部情况。写作会议纪要首先要弄清楚会议的目的、任务、内容和形式，掌握会议的所有文件材料，参加会议的全过程，并认真做好记录，特别要注意阅读会议的主体文件和材料、聆听领导同志的发言，掌握会议的主要精神。

2. 抓住要点，突出会议主题。会议纪要虽然是会议情况和结果的反映，但不能面面俱到，照搬会议记录，而应该围绕会议主题，抓住要点，突出重点，把会议的主要情况简明扼要地反映出来，把会议议定的事项一一叙述清楚。

3. 文字简洁明快。写作会议纪要应根据会议内容确定写法和篇幅，要简明扼要。在写作方式上，以叙述为主；在层次结构、段落安排上，要条理清楚，篇幅一般不宜过长。

4. 注意与会议记录的区别。会议纪要和会议记录有密切联系，也有显著区别。会议纪要以会议记录为基础和依据，表现会议的主要内容。会议记录则是如实记录。另外，会议记录只作为机关单位内部存查使用的文书，不对外公布。会议纪要则在一定范围内公布传达，作为正式行政公文使用。

（五）例文

【例13】

市委思想文化工作领导小组××××年第二次会议纪要

×月×日上午，×××同志主持召开了市委思想文化工作领导小组（××××年第二次）会议。现纪要如下：

一、会议讨论了市委党校《关于在市委党校增设深圳经济管理干部学院的请示》，同意市委党校加挂“深圳经济管理学院”的牌子。会议指出，特区要增创优势，关键是增创人才优势。市委党校增设“深圳经济管理学院”后，要充分发挥“一校三院”的作用，成为一个多功能、综合性的干部培训基地，更好地为深圳建立和完善社会主义市场经济体制、为特区增创新优势服务。会议就有关具体问题提出了如下意见：

（一）新增设的学院起点要高，要求要严。设院初期要结合特区的需要开设一些重点培训班或经济管理人才任职资格班。课程设置方面要紧密结合特区实际需要，加大社会主义市场经济理论、国际贸易业务和现代科学技术知识的比重。以后逐步提高水平，再考虑与国民教育学历衔接的问题。

（二）办学要体现改革的精神。增设学院，不增加编制。要充分挖掘党校现有的师资、场地、设施等方面的潜力。还要充分利用各种社会智力资源，聘请有实践经验、有理论素养的干部和企业家讲课，当客座教授。在生产（经营）、教学、科研相结合上下功夫，努力探索一条有深圳特色的党校办学的新路子。

（三）成立一个管理委员会。以党校的同志为主，吸收市委组织部、宣传部、市投资管理公司、经发局、贸发局、计划局、人事局、工商局等单位的领导参加，从宏观上调控好学员招收、课程设置及资历确认等工作。

二、（略）

三、（略）

市委思想文化工作领导小组办公室

××××年×月×日

（主持、出席、列席人员从略）

主题词：会议　纪要

【评析】

这篇会议纪要的概述部分写得非常简要，主体部分即会议内容的摘要重点突出，观点鲜明，层次清楚，写明了会议所讨论之议题和讨论的结果，而且适当阐述了工作的原则，这样写有利于增强人们贯彻会议精神的自觉性。

事务文书

一、计划

(一) 计划的适用范围及特点

计划是为完成一定时期的任务而事前拟订目标、措施和要求的事务文书。

常见的安排、打算、规划、设想、要点、方案等都属于计划一类。只是由于内容和成熟程度不同而选用了不同的名称。

计划，是使用频率很高的一种事务文书。计划的实质是对理想、目标的具体化。它对整个工作有着重要的指导、推动和保证作用。

计划主要有三个特点：

1. 预想性。计划的预想性是其他应用文体所不具有的。制定计划需要进行调查研究，如上一阶段的工作情况怎样，实施计划的内部条件和外部环境如何，并以此为依据确定工作目标、具体做法及实施步骤。由于是对未来工作的设想，对可能遇到的新情况以及计划实施步骤、完成时间，都带有难以看见的预想性，因此，计划不能定得过死，必须留有余地，以便一旦在实施过程中发现与实际有不符的地方或出现新情况，做出切合实际的修改。

2. 指导性。计划一旦成文，就对实践起一种控制和约束作用。制定计划，是为了克服工作中的盲目性。从应用上说，计划有上级下发的计划和单位自行制定的计划。上级下发的计划，勾勒发展蓝图，明确工作目标，提出步骤措施，目的是指导所属单位不至于盲目冒进，或偏离工作方向，能始终朝着既定目标去做，其指导性是明显的。而本单位制定的计划，目的也在于控制方向、规模、速度，使任务能保质、保量，按时完成。

3. 可操作性。再好的计划也要付诸实施，因此，它必须定得具体明确，切实可行，符合实际。目标定得过高，无法实现和完成；定得过低，计划又无法起指导、激励作用。计划的步骤、措施、要求、时限不但要写得具体、细致，还要便于检查督促，对照落实。离开实践或操作性差的计划，将是毫无价值的一纸空文。

（二）计划的主要类型

1. 按内容分，有综合计划、专项计划等。

2. 按性质分，有生产计划、学习计划等。

3. 按范围分，有国家计划、部门计划、单位计划、科室计划、班组计划、个人计划等。

4. 按时间分，有年度计划、季度计划、月度计划等。

5. 按形式分，有文件式计划、表格式计划和文件表格结合式计划等。

（三）计划的结构和写法

一份计划由标题、正文两部分组成。

1. 标题。一般包含单位名称、时限、内容和文种，如“××公司2015年工作计划”，这是一个“完整式”标题。也有省略时限（时限不明显或临时的单项工作）的标题。有的还可写成“公文式”标题。所制定计划如还需要讨论定稿或经上级批准，就应在标题的后面或下面用圆括号加注“草案”或“初稿”或“讨论稿”等字样。

2. 正文。通常包括前言和计划事项两部分内容。

（1）前言。前言又叫导语。通常内容有：对基本情况的分析，对计划的概括说明或说明依据什么方针、政策以及上级的什么指示精神，在什么条件下制定这个计划，完成这个计划的必要性、可能性以及要达到什么主要目的等。这是制定计划的基础，要写得简明扼要，灵活多样。

（2）计划事项。计划事项是计划的主体。不论是哪一种计划，计划事项都包括目标、措施、要求三项内容。目标、措施、要求，称为计划的“三要素”。

①目标，即回答“做什么”的问题，可以是总体目标，也可以是具体任务或指标。总体目标往往是要实现的最终目的，是多方面综合指标的最终体现。具体任务或指标，则是具体说明要完成什么任务，达到什么指标，做好某项工作，开展某项活动等，务必写得具体明确。

②措施，即回答“如何做”的问题，包括组织分工、进程安排、物质保障、方式方法等。组织分工可说明领导机构。进程安排，主要是对目标进行细分，一般要安排若干阶段。如果是年度计划，每一季度（甚至月份）要完成哪些工作，要达到什么指标都要加以明确。如果是专项计划，则要划分阶段，明确每一阶段的大致任务及具体安排，如做好某项工作，可以分为准备阶段（包括传达、动员、学习、成立组织、物质准备等）、实施阶段（具体工作的展开、落实）、总结阶段（扫尾、小

结）。进程安排是计划事项的重要内容，也是一个重要措施之一。物质保障，包括实施计划的人力、财力、物力，配备多少、如何配备等。方式方法是完成任务的具体手段，一般要写得比较简要。

③要求，即回答“做得怎样”“如何做完”之类的问题，主要是质量、数量、时间上的要求。质量上，要达到什么标准、什么水平、什么程度；数量上，要达到什么指标；时间上，什么时候完成该项工作。

计划三要素是互相联系的，没有目标或者目标不明确，就谈不上措施要求；没有具体的措施，目标就难以实现；而没有具体要求，实现目标的效率、质量就无法保证，它们之间是互相依存、缺一不可的。

（四）计划的制定要求

1. 要以党和国家的方针政策为指导，能够体现本单位领导的意图，确保计划指导思想的正确性。

2. 要充分考虑计划的可行性，做到反复论证，从多种计划方案中择优，实事求是地确定计划的目标和任务，并适当留有余地。

3. 要服从长远规划，坚持整体原则，既要服从大局，处理好多种关系，又要体现本单位工作的特点。

4. 要走群众路线，集思广益，把计划变成群体的共同意志，以保证计划的认同性和可行性。这样在执行计划中就能更好地发挥群众的积极性，减少阻力。

（五）例文

【例14】

××××学院教研部××××年工作计划

为了加强我部建设，圆满完成“教学、科研、管理一体化”的任务，做好公务员培训工作，根据学校在新形势下深化改革方案的精神，借鉴有关兄弟学院的成功经验，结合我部的实际情况，经与市人事局录用培训处多次协商，对××××年的教学、科研工作提出如下计划：

一、目标

（一）教学工作计划

拟举办下列班次：

1. 公务员专业知识课“行政决策”培训班。(略)

2. 公务员任职资格培训班。对象为市、区办公厅(室)在职工作人员。人数150人左右。时间4天。拟办两期。第1期:×月×日至×日;第2期:×月×日至×日。采用面授与自学相结合的形式进行培训,开卷考试,由省统一命题,统一评卷。

3. 公务员电脑培训班。(略)

(二)科研工作计划

1. 在本年内完成已立项并拨款的深圳市社科“十五”规划中的课题“深港两种特区政府行政管理比较研究”(负责人×××)。

2. 在本年度内完成编写4本为公务员培训班所使用的教材。(略)

二、措施

为了保证公务员培训工作能顺利进行,特提出如下措施:

1. 校委的重视和支持是做好公务员培训工作的根本保证。希望派出一名校委主管到我部工作,以减少请示汇报工作的环节,提高工作效率。

2. 理顺关系,优化服务。(略)

3. 充实人员,建立队伍。(略)

4. 改善办学条件。(略)

【评析】

这份教学、科研工作计划是一个教学部门的年度工作综合计划。从表面上看,文中只写了“目标”和“措施”两个部分,实际上,讲“目标”时,已把“步骤”也讲清楚了。可见,计划的写法可以灵活多样。本计划写得明确具体,可行性较强。

二、总结

（一）总结的适用范围及特点

总结是机关、团体、企事业单位对规定时限内的某项工作或任务加以回顾、分析、研究，从中找出经验和教训，引出规律性的认识，明确今后实践的方向，把这些内容系统化、条理化，形成文字的文书。总结同时又是对实践的认识，总结的过程是由感性认识上升到理性认识的过程。总结应对实践进行全面、深刻的把握与概括。

总结的特点主要表现在以下四个方面：

1. 实践性。总结首先要回顾实践或工作的全过程。自身实践的事实，尤其是典型事例和确凿数据是一篇总结得出正确结论的基础。

2. 经验性。总结旨在把实践中的成功经验归纳出来，把教训分解出来，从而对工作做出正确估计，得出科学结论，以增强工作的自觉性和主动性。但总结所反映的对象一般又只限于本地区、本部门、本单位特定时限内的工作实践，由本单位撰写，并采用第一人称叙述，因而得出的经验亦会带有较强的个性特色。

3. 说理性。总结不仅要陈述工作情况，更要揭示理性认识。能否进行理性分析，能否找出带有规律性的东西，是衡量一篇总结写得好坏的重要标准。

找出带有规律性的东西，用以指导今后的工作，这就是总结的实质。

4. 简明性。总结往往作概括叙述，而不必具体描写；作简要说明，而不必旁征博引；作直接议论，而不必多方论证。

（二）总结的主要类型

总结的分类方法很多，如按性质、内容、时间、范围等来划分。按写法和内容，可以把总结划分为综合性总结和专题性总结两大类：

1. 综合性总结，是对一单位、一部门工作进行的全面性总结。它要展现该单位、该部门一定时期工作的全貌，其包括的内容比较广泛，既要反映工作的概况和取得的成绩，存在的问题、缺点，也要写明经验教训和今后如何改进的建议等。但写作时也不能面面俱到，而要有所选择，突出主要工作和重要经验。

2. 专题性总结，是对一定时期的某项工作或某一方面的问题进行的专门性总结。这类总结往往偏重总结某一方面的成绩、经验，其他方面则可少写或不写。

（三）总结的结构和写法

总结的结构一般包括标题、正文和落款。

1. 标题。一般包含单位名称、时限和文种，如“××单位××××年度工作总结”，这是“完整式”标题。综合性总结一般都采用这种形式的标题。专题性总结的标题有：

（1）主题式，如“建设企业文化是加强和改进企业思想政治工作的必由之路”。

（2）问题式，如“我们是怎样在市场经济条件下坚持党管干部的”。

（3）正副题结合式，如“加速技术改造，完善宏观调控——正确处理技术改造中的七个关系”。

2. 正文。结构形式主要有五种：

（1）“三段式”结构，即由工作概况、经验体会、今后打算构成。这是综合总结的基本形式。

①工作概况。这是总结的开头部分。通常要简明扼要地说明总结所涉及的时间、背景、任务、效果等，目的在于给人以总体印象，领起下文。

②经验体会。这是总结的主体部分，是总结的重点。要写好这部分的内容，一定要注意点面结合、详略结合、叙议结合，而且叙议得当。

③今后打算。这是总结的结尾部分。这部分要说明工作中存在的问题，针对这些问题，结合前面所总结的经验教训及对有关规律性的认识，提出对今后工作的新设想及改进意见。这一部分内容要力求避免空洞、一般化及八股调。

（2）“两段式”结构，即情况加体会。先集中摆情况，包括基本情况、主要做法、成绩与缺点等；后集中谈体会，包括经验的总结、教训的归纳以及对存在问题的认识等。问题比较集中的专题总结大多采用这种写法。

（3）“阶段式”结构，就是根据工作发展过程中的几个阶段，按时间先后分成几个部分来写。每一部分对每个阶段的工作，都要既讲情况、做法，又讲经验教训及存在问题。这样写便于看出整个工作的发展进程和各个阶段的特点、经验。周期比较长而又有明显阶段性的工作，不管是专题总结还是全面总结，都宜采用这种结构。写作时要注意抓特点，保证各部分之间的连贯性。

（4）“总分式”结构，首先概述总的情况，然后分若干项主要工作一一进行总结。全面总结一般用这种写法。在每一部分对每一项工作进行总结时，同样要求把做法、成绩、经验、教训等有机地结合在一起写。这种写法要注意抓重点，切忌面面俱到。

（5）“体会式”结构，即以体会（而不是以工作本身）为中心来安排结构。根据几点体会，把有关情况或几个具体问题，从几个不同的角度进行总结，而寓情况于体会之中，夹叙夹议，讲清问题。各部分之间则体现出某种逻辑关系，或以主次为序，或以轻重为序，或以因果为序，等等。这种结构适用于各种类型的总结，特别是学习总结。这种写法最灵活，也最难掌握。

3. 落款。以主要负责人的名义所做的总结，署名在标题下；以单位或党政机关名义总结或发表的，署名可在标题下也可在文末；若标题上出现了单位名称或负责人姓名，则可不另署名。总结日期可加括号放在标题下，也可不加括号放在文末。

（四）总结的写作要求

1. 要有新发现。要在大量的材料中认真分析、研究，从而归纳出过去没有或与过去不同的东西来，不能老生常谈。

2. 要找出带有规律性的东西。不能有了新发现就匆忙落笔，而应当经过反复研究和证实，找出其中能够揭示事物本质的带有规律性的东西，以指导今后的工作。

3. 要突出重点。不仅要重点写经验，而且还要写好重点经验。不能眉毛胡子一把抓，更不能写成“流水账”。

4. 要叙议得当。叙议得当，是总结在表述上的特别要求。应以叙述为主，叙议结合。一般，在交代工作的过程、列举典型事例时，以叙述为主；在分析经验教训、指明努力方向时则多发议论。叙述的事实为议论提供依据，说理是对所叙述事实的升华。叙述是总结行文的基础，它通过对时间、地点、人物、事件和原因、结果的交代，使读者对某部门、某单位或某个人的工作状况有明晰的了解。议论则是用分析、综合、论证，把分散的、感性的材料转化为具有指导意义的理论。议论不宜过多，主要是靠事实说话。但要注意，只叙不议，会变成罗列现象，而只议不叙，则会变成空谈。只有以叙带议，叙中有议，叙议结合，叙议得当，才能写出高品质的总结。

（五）例文

【例15】

售后服务是企业的命根子
——××技术服务中心××××年工作总结

××××年，××集团技术服务中心全体员工和分布在全国各地维修网点的员工一起，根据刘总经理关于“售后服务是企业的命根子”的指示精神，坚持“拥有××电器，享受一流服务”的宗旨和“一切为了使用户满意”的标准，发扬“同心多奉献，合力创一流”的企业精神，大力开展优质服务活动，扎扎实实地做好各项工作，实现了××××年的总体目标。全年维修合格率达99.8%，比去年上升了30.3%；维修返修率0.2%，比去年下降13%；用户来信处理率100%，全年未出现重大的维修质量投诉，赢得了用户和社会各界的好评，促进了××系列产品的销售，促进了××售后服务工作向服务质量标准化、服务网络体系化、服务管理规范化、服务方式多样化、服务经营一体化的方向发展。××××年被评为全国优质服务企业。

回顾一年来，我们主要做了以下几项工作：

一、优化网点建设，加强网点管理（略）

1. 开展网点升级达标活动。(略)
2. 开展网点调研考察。(略)
3. 合理调整网点布局，扩大维修服务的覆盖面。(略)
4. 开展用户抽查，优化网点结构。(略)

二、调整售后服务策略，适应市场和用户需要（略）

1. 增加服务项目，扩展服务范围。(略)
2. 转换服务形式，提高服务水平。(略)
3. 开拓服务经营一体化道路，增强自身实力。(略)

三、提高员工素质，深化优质服务（略）

四、开展“××电器百日维修服务质量无投诉”活动（略）

××××年是××事业发展的关键一年，也是实现集团中期发展规划的决定性一年。我中心必须进一步贯彻落实刘总关于“售后服务是企业的命根子”和汤总关于“服务先于销售”的指示精神，坚持“一切为了使用户满意”的最高标准，把售后服务工作作为首要任务，为维护××信誉做出更大贡献。

【评析】

这是一篇企业售后服务的综合性总结。标题采用正副题式，正题揭示文章的中心内容，副题标示出单位、时间、事由和文种。正文由前言、主体、结尾三部分组成。前言部分概述了基本情况，交代了总结所涉及的时限、单位、背景、工作任务、完成情况，并引用数据，概述了成就，用语精练，字里行间洋溢着信心和决心，然后用“回顾”过渡转入主体部分。主体部分分四大项列举了一年来的主要工作，内容按逻辑顺序排列，围绕着“命根子”这个中心，充分证明了总结中所提出的各个观点。最后以展望作结，充满了信心，反映了企业的精神面貌。全文层次分明，观点与材料统一，是一篇值得借鉴的总结。

三、简报

（一）简报的含义、作用和特点

简报是党政机关、群众团体、企事业单位编发的反映情况、传播信息、交流经验、指导工作的一种摘要性的内部文件，也叫作“情况反映”“情况交流”“简讯”“动态”“内部参考”等。

简报在日常工作中起着十分重要的作用。行政机关内部下级向上级反映情况，除了口头汇报和报送综合报告及专题报告外，还通过简报反映日常的工作情况和所辖范围内出现的一些值得注意的动向。简报还可用来向下属单位转达某些领导意图或带指导性、倾向性的意见，沟通所属单位之间的情况，以推动工作。一些大型会议也利用简报来交流情况，并向上级领导机关反映会议的进程和结果。各级信息部门都需要经常使用简报这个简便、灵活的工具。

简报主要有四个特点：

1. 时效性。简报在机关文书中以讲究时效著称。尤其是那些突发性的动态简报，类似新闻报道中的“快讯”。简报能否发生作用或所发生作用之大小，首先是看它能否及时报送。

2. 简明性。简报姓“简”，简明扼要，是简报的显著标志。简，不仅是指文字少，篇幅短，更主要的是它追求用少量的文字概括出事实的精髓和意义，做到简短而没有疏漏。

3. 新颖性。新颖是简报写作的价值所在。简报只有努力反映新情况、新动向、新问题、新经验，才能发挥它应有的作用。也只有内容新鲜、观点新颖，才能引起领导人的关注。

4. 机密性。简报只在机关、单位内部传阅，不公开发行，这是它与大众传播媒介的主要区别。不同内容的简报，传阅的范围和机密程度也不相同。

（二）简报的种类

简报按不同的角度、标准有不同的分类。如，有的将简报分成综合情况类简报、专项工作类简报、会议类简报、经验类简报、社会动态类简报、思想动态类简报；有的将简报分成工作简报、会议简报、信息简报。

（三）简报的写作格式

简报式样像小报，由报头、报核、报尾三部分组成。

1. 报头部分。报头部分，又称版头。一般占首页三分之一的上方版面，用间隔红线与正文部分分隔开。报头的内容包括：

（1）简报名称：排在居中位置，用套红大号字体，要求醒目大方。

（2）期数：排在简报名称的正下方，按期序编上，有的还注明总期数。

（3）编发单位：排在横隔线的左上方位置上。

（4）印发日期：排在横隔线的右上方位置上。

（5）密级：排在报头左侧上方位置，标志密级并加标识★，如“机密★”“秘密★”或“内部刊物注意保存”；保密时限写在标识后，如“1年”“4个月”等。

（6）份号：排在报头右侧上方位置。

2. 报核部分。刊登简报文稿的部分称为“报核”，是简报的核心部分。一般由按语、标题、正文、作者四项组成。

3. 报尾部分。报尾在简报的最后一页的末尾，用横线将报尾隔开，写上发送单位名称和印制份数。

（四）简报样式

如图所示：

内部刊物　注意保存

份号

密级

简报名称

（期数）

编发单位名称　　　　　　**印发年月日**

标 题

正　文

××××××××××××××××××××××××××××××××××××××

××

×××××××××××××

发送单位

电子邮箱　　　　　　**共印份数**

（五）例文

【例16】

工作简报

第五期

××县办公室　　　　　　　　××××年×月×日

各乡镇贯彻县委七届四次会议精神情况综述

县委七届四次会议后，各乡镇召开两套班子会议和三级干部会议进行认真传达贯彻，把贯彻会议精神和学习十四大文件结合起来，坚决贯彻县委县政府“稳定第一产业，积极发展第二、第三产业，加速乡镇企业发展，实现工业兴县”的战略决策，结合本乡镇实际，制定近年发展目标，修订各项管理制度，健全岗位责任制，实现大办农业，大上经济项目的热潮。一至三月，18个乡镇新上和计划上的项目41个，其中投入资金超过1000元的有23个。各乡镇贯彻县委全体会议的情况综述如下：

一、目标明确，措施得力

各乡镇围绕县提出的奋斗目标制定了本乡镇实际的经济发展方针和目标。如××镇制定“抓紧时机，开发旅游，发展工贸，综合经营，协调一体”的经济发展方针，确定“八五”期间实现耕地亩产值超1000元、山地产值达800元的目标。××镇制定了1996年全镇社会总产值达亿元，工、农业总产值各达4000万元，人均收入达1900元的目标。

为实现各项计划指标，各乡镇制定了具体措施，落实岗位责任制。如××、××、××等乡镇把过去分片包干管理改为分线定点管理，做到定领导、定人员、定任务、定经济指标、定奖罚。××镇9名党委成员转到以抓经济建设为主，对管理区一级实行综合评分计奖制度。××镇对机关各部门经费实行定额包干、自负盈亏，打破过去吃“大锅饭”现象。

二、重视农村工作，抓好“三高”农业（略）

三、抓紧外引内联上项目，实施工业兴乡镇战略（略）

四、重视基础设施建设，努力改善投资环境（略）

五、坚持“两手抓”，促进农村全面发展（略）

【评析】

这是一篇综合式工作简报。正文的前言部分，概述了背景、各乡镇贯彻会议精神的做法和总的成效。主体部分将前言概述分成五个部分展开，有观点，有材料，层次分明，语言简洁。

综合练习

【通知与通报】

一、名词解释

1. 通知
2. 通报

二、填空题

1. 通知的常见种类有______、______、______、______和______。
2. 通知的特点有______、______和______。
3. 下级转发上级来文为“______”，上级转发下级来文为“______”。
4. 通报的类型有______、______和______。
5. 通报的特点有______、______和______。
6. 通报的写作要求有______、______和______。

三、判断题

1. 判断下列事项是否可以用通知行文：

（1）×省人大常委会拟颁布一项地方法规。（ ）

（2）×市水电局将召开水利建设工作会议，需告知各县、区水电部门事先做好准备。（ ）

（3）×县纪委拟批评×局×××干部玩忽职守、造成国家经济损失的错误。（ ）

（4）×市政府拟批转市卫生局《关于做好灾后防疫病工作的意见》。（ ）

（5）×县县委拟向所属各级党组织布置学习“两会”精神的有关事宜。（ ）

2. 判断下列事项是否可以用通报行文：

（1）×县工会拟表彰奋不顾身抢救落水儿童的青年工人。（ ）

（2）×厂拟向市工业局汇报该厂遭受火灾的情况。（ ）

（3）×市安全办公室拟向各有关单位知照全市安全大检查的情况。（ ）

（4）×县政府拟公布加强机关廉政建设的几条规定。（ ）

（5）×县纪委拟批评×局×××等干部挥霍国家钱财游山玩水的错误。（ ）

四、请改正下列标题的毛病

1. 国务院转发国家医药管理局关于进一步治理整顿医药市场意见的通知。

2. 国务院办公厅批转关于国家旅游局进一步清理整顿旅行社意见的通知。

3. ××乡人民政府关于印发××县人民政府〔2019〕10号文件通知。

4. ××厂关于转发×分厂《关于建立安全岗位责任制经验总结》的通知。

5. 国家旅游局关于批转国务院《旅行社管理暂行条例》的通知。

6. 转发省劳动局、省人事局、省财政厅、省总工会“关于转发劳动部、人事部、财政部、国家总工会《关于发给离退休人员生活补贴费》的通知”的通知。

7. 关于批转财政局《转发“财政部关于重申不得将国家资金转入银行储蓄的通知”的通知》的通知。

五、思考题

1. 批转、转发性通知的标题可作何种格式化省略？

2. 通报与通知的区别表现在哪些方面？

3. 通报何以多数不写主送机关？

4. 通报对事实一般都有分析、评议，你对分析与评议的关系如何理解？

六、病例析改

评析下列通知的毛病，并改写之。

关于庆祝首届教师节开展游园活动的通知

为了庆祝第一个教师节，更好地促进师生之间的友谊，我校定于×月×日晚×时在××（地点）举办游园活动。为确保此次活动的顺利开展，现将有关事项通知如下：

一、参加游园活动者都必须是本校教职工，其他人员不得参加。

二、必须听从工作人员的安排，服从工作人员的指挥，不得无理取闹，以免影响工作人员的正常工作。

三、必须严格遵守各项活动规则，不准随便破坏游园活动的规定，如有这种情况应受到校纪处分。

四、参加任何活动都必须排队，不准随意插队，不准在队列中故意拥挤。

五、保护好一切活动器械，严禁私自拿或破坏。

六、领奖时必须排队，不准不排队而领奖这种现象发生。

七、工作人员必须严格要求自己，不得乱发奖票。

以上规定，望大家自觉遵守，互相监督执行。对那些不遵守者，应给予校纪处分。

特此通知。

×××学校教师节游园活动筹备组（章）

××××年×月×日

【报告与请示】

一、名词解释

1. 报告
2. 请示

二、填空题

1. 报告的主要类型有________、________、________、________和________。
2. 报告的特点有________、________和________。
3. 请示的主要类型有________和________。
4. 请示的特点有________、________、________和________。

三、判断题

1. 某地发生一突发性重大事故，向上级反映此事故及其有关情况，用报告行文。(　)
2. 报告可以同时上报几个上级机关。(　)
3. 报告不能用“以上报告当否，请指正”之类的结束语。(　)
4. 关于申请修建教学大楼的报告。(　)
5. 关于发生重大火灾事故的报告。(　)
6. 关于扩建油库的请示报告。(　)
7. 关于加强外事工作的报告。(　)
8. 报告标题可只用“报告”两字。(　)
9. 凡必须得到上级机关批准和指示后才能办理的公务，都可用“请示”行文。(　)

10. 请示可以一文一事，也可以一文多事。(　)

四、多项选择题

1. 报告可用于陈述的事项有（　）。
A. 向上级汇报工作，反映情况
B. 向下级或有关方面介绍工作情况
C. 向上级提出工作意见或建议
D. 答复群众的查询、提问
E. 答复上级机关的查询、提问
2. 工作报告的内容包括（　）。
A. 经常性的常规工作情况
B. 偶发性的特殊情况
C. 向上级汇报的工作进程，总结的工作经验
D. 对上级机关的查问、提问做出的答复

五、思考题

1. 各类报告正文的一般写法。
2. 简述情况报告与工作报告的区别。
3. 报告有何写作要求?
4. 请示的适用范围主要可分为哪些类型?
5. 为什么说写好缘由是写好请示的关键?
6. 请示有何写作要求?
7. 比较请示与报告的异同。

【批复、函与会议纪要】

一、名词解释

1. 批复
2. 商洽函
3. 询问答复函
4. 请批、批准函
5. 会议纪要

二、填空题

1. 批复的特点是________、________和________。
2. 批复的类型有________和________。
3. 函的主要特点是________、________和________。
4. 按内容和用途分，函可分成________、________和________三种类型。
5. 会议纪要的特点有________、________和________。

三、思考题

1. 批复标题和正文的一般写法。
2. 请批函和请示的区别。
3. 函和批复的区别。
4. 去函与复函正文的写作有何不同？
5. 函有何写作要求？

四、拟写练习

各自根据近期开会的情况，拟写一份会议纪要。要求：先拟制好写作提纲。

【计划与总结】

一、名词解释

1. 计划
2. 总结

二、填空题

1. 计划的主要特点是________、________和________。
2. 计划“三要素”是________、________和________。
3. 总结的主要特点是________、________、________和________。

4. 计划与总结既有联系，也有区别。________是在计划执行一个时期或完成以后写的，它要检查________的执行情况，又要反过来作为今后修订或制定________的依据。

三、判断题

1. 计划的目标不能留有余地，制定了就要坚决执行。(　)

2. 计划的实质是对理想、目标的具体化。(　)

3. 计划虽不是正式公文，但一经机关会议通过和批准，就具有正式文件的效能，在它所管辖的范围内，就具有了权威性和约束力。(　)

4. 撰写总结的目的，主要是为了探寻规律性的认识，以指导今后的工作。(　)

四、思考题

1. 计划有哪些类型？

2. 计划写作有何注意事项？

3. 什么是综合性总结和专题性总结？它们在写作内容上有何体现？

4. 总结的正文结构主要有几种？各种结构和写法是怎样的？

5. 总结与计划的区别主要表现在哪些地方？

6. 总结写作需注意什么问题？

7. 总结与一般论文在观点的产生和材料的运用上有何异同？

五、情景练习

1. 试评改下列计划的开头部分。

××汽车队八月份行政工作计划

认真贯彻省交通厅党委扩大会议和安全电话会议精神，以及省汽车公司第三季度重点工作安排，在本月内，除认真贯彻外，还必须以提高质量，保证安全为中心，进行比、学、赶、帮等形式的竞赛活动；掀起一个大搞标准化作业，大练基本功的高潮。把人员培训工作在现有基础上提高一步，要求达到生产技术过硬职工总人数的70%，在技术上出现一个新水平，以此实际行动为迎接冬季运输业务做准备。为完成上述任务，要注意以下几点工作。

2. 阅读下面这篇总结，按文后要求回答问题。

放手发展多种经营努力增加农民收入

近年来，××县委、县政府在稳定发展粮棉油生产的同时，把突出发展多种经营作为增加农民收入的突破口，充分利用现有土地资源，依托近城优势，建设具有地方特色的城郊经济，显示出“服务城市，富裕农村”的战略效应。1993年，全县人均纯收入达到1107元，比上年增加310元，增长38.9%，成为全省农村人均纯收入增幅最高的县。我县的主要做法是：

（一）积极引导，鼓励发展。（略）

（二）因地制宜，发扬优势。（略）

（三）综合利用，立体种养。全县广泛运用食物链、生物链和产业链的理论，在种、养、加工方面创造出多种立体开发模式。根据植物相生、伴生、互生与序生规律，在林果基地间作套种粮、油、药、茶、瓜等，实行以短养长，取得最佳效果。全县1993年多种经营间作套种13万亩，亩平收入500元，有的高达1000元。全县推广用农副产品加工的下脚料喂猪养禽，用畜禽粪便养鱼，最后用塘泥肥田，综合利用，极大地促进了畜牧业的发展。1993年全县生猪出栏达到35.5万头，家禽出笼741万只，鲜蛋产量1.93万吨，分别比上年增长11%、40.3%和14.8%。

（四）大力发展乡镇企业和个体、私营经济。（略）

××县人民政府

××××年元月

（1）本文标题属________式标题，其作用是________。

（2）开头采用了（　）等方式。

A. 概述情况　　B. 提出结论

C. 提出内容　　D. 做出设问

E. 运用比较

（3）全文采用了（　）结构形式。

A. 分部式　　B. 阶段式

C. 总分条文式　　D. 贯通式

（4）主体部分主要写了（　）。

A. 做法、成绩与经验　　B. 问题与教训

C. 设想与努力方向　　D. 以上三个方面

（5）本文显示主旨采用了（　）的方法。

A. 呼应显旨　　B. 开宗托旨

C. 篇末点旨　　D. 转换揭旨

（6）本文主旨是________________________________。

（7）本文安排材料主要采用了（　）的方法。

A. 先亮观点，后举材料　　B. 先举材料，后亮观点

C. 边举材料，边亮观点　　D. 既摆事实，又讲道理

（8）本文主体部分各条文都有________句，其作用是________。

（9）本文采用了________等表达方式。

（10）本文大量采用了________说明方法。

六、拟写练习

1. ××公司将推行经营承包责任制，以打破吃“大锅饭”的局面，达到充分调动职工的积极性，增加盈利的目的。该公司拟先成立领导小组，再进行全面动员、讨论，试点先行，有步骤地签订承包合同（包括公司与基层厂、店，门市部与厂、店），最后验收，总结经验。请就此拟一份专项计划的提纲，有关内容可以虚拟。

2. 某局机关团委拟举办“五四”青年节庆祝活动，届时将举行多种纪念活动，包括举行篮球比赛、读书报告会、文艺联欢会、电影专场、青年书画展等。请拟一个表格式活动安排表，计划名称、计划表及说明均要求具体明确，有关内容如时间、地点、负责人等可以虚拟。

【简报】

一、填空题

1. 简报的特点有________、________、________和________。

2. 简报一般可分为________、________、________、________和________五种类型。

3. 简报的________有一定的限制。

二、思考题

1. 简报有何作用？

2. 简报的格式包括哪些内容？

3. 试述综合式和转发式简报的编写方式及注意事项。

4. 试述简报与报告的区别。

三、情景练习

简报也可以有报道式、述评式写法。下面是一篇述评式简报，请仔细阅读并分析其写法和存在问题。

对幼儿园学生实行接送制度好

县城镇各幼儿园实行比过去较为严格的孩子接送制度。家长送孩子到园时，园方发给一个接送卡，接孩子时家长再把接送卡交回园方。这个制度好，可以使学生准时、安全到园，避免上学、放学途中玩耍，不出现不安全现象，甚至被冒领、劫持勒索等。对学前班、小学低年级学生也可以借鉴这种接送制度，使学校老师、家长都放心。

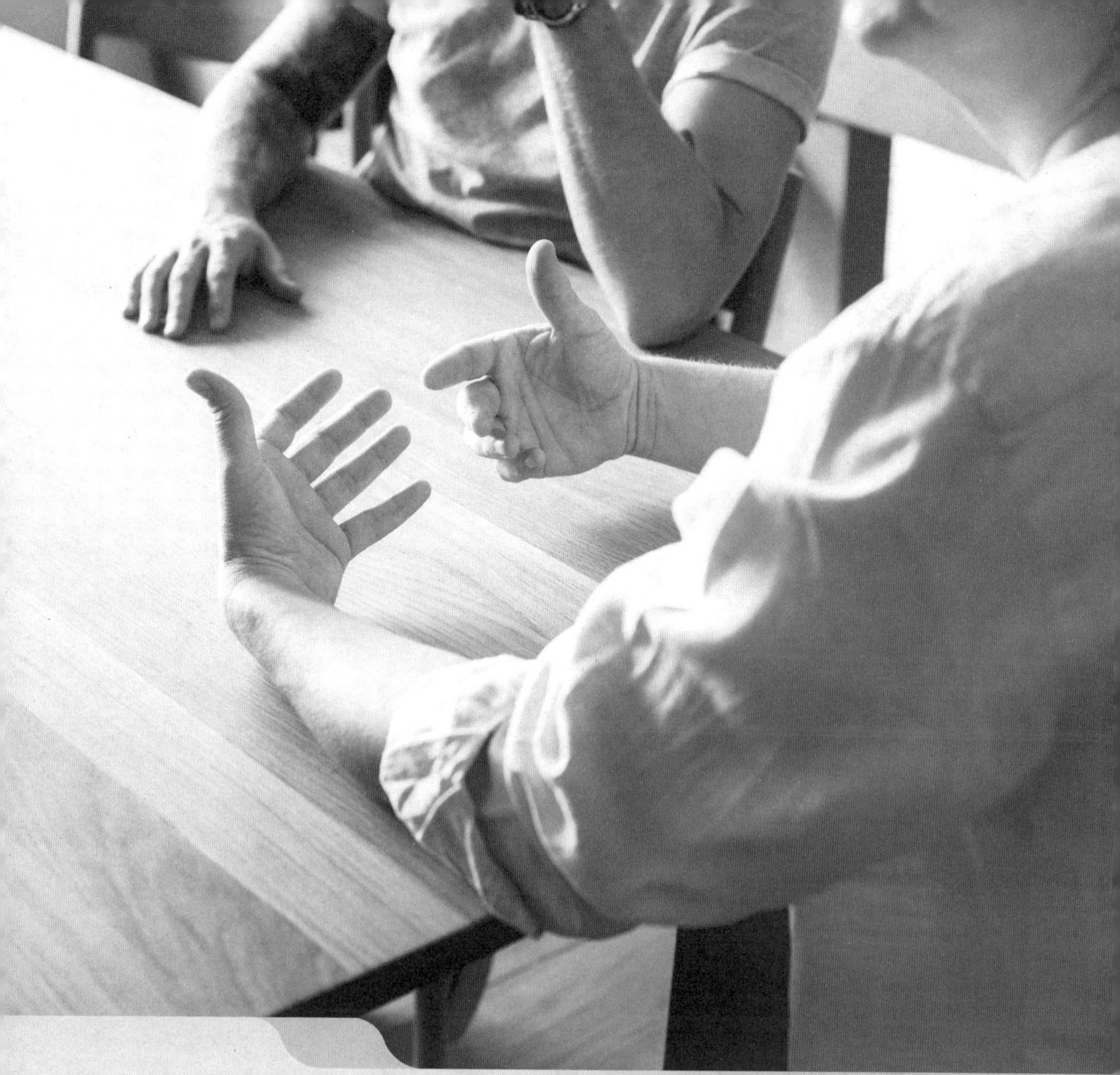

◎口语交流篇

口语交际即口头言语交际，指的是人们运用有声语言传递信息、交流思想、沟通情感的过程。人们在社会生活、人际交往中逐渐发展了另一种使用语言的能力：知道什么时候该说话或不该说话，知道在什么时候、什么地方、以什么样的方式对什么人讲些什么话，这种能力，被称为口语交际能力。

一、言之有用

（一）口语交际的特点

与字斟句酌的书面交流不同，口语交际往往显得“突然”而又“随意”，并且随着交际环境的改变而发生变化。具体说来，口语交际有如下特点：

1. 交际环境的现场性。主要指口语交际双方总是在同一个现时的特定的交际环境中。这个特定的交际环境包括交际对象、交际时空、交际情境等。

2. 交际发生的突然性。口语交际往往是在双方没有充分预料的情况下发生的。这里所说的“没有充分预料”，指的是三个方面：时间上（很多口语交际发生的时间，双方是没有准备、没有想到的）、对象上（很多情形下，口语交际的对象是事先没有确定和想到的）、内容上（口语交际的内容是无法充分事先预料的）

3. 交际内容的即逝性。口语交际是以声波为载体来传递信息的，而声波是稍纵即逝的。所以，口语交际的内容能清晰、完整地保留下来的时间也很短暂。

4. 表达形式的简散性。在口语交际中，说话者是通过现想现说来完成信息发送的，不可能像写作者那样对语言表达形式字斟句酌，精细加工，它更表现出语义上的简略（是指在语言意义的表述上用语比较简明扼要）和语形上的松散（指在语言形式的结构上比较灵活和随意）。

（二）口语交际的重要性

语言是人类最重要的交际工具。在快节奏的现代化生产和生活中，口语交际的地位显得越来越重要。国外学者曾对以英语为母语的一般成年人在听、说、读、写四个方面的交际活动做过调查，发现“听”的活动占其言语交际活动总和的45%，“说”占30%，“读” 占16% ，“写”只占9%。“听”与“说”是紧密地联系在一起的。“听”“说”活动的总和可占言语活动总量的75%。毋庸置疑，口语交际在社会生活中所发挥的作用远远超过以往任何一个历史时代。

口语交际对个体生活同样起着重要作用。在生活中，免不了要面对纷繁复杂的关系，这就需要恰当地运用口语交际处理好各种人际关系，保持工作、生活的愉快和谐。现代生活的高效率、快节奏给人们的精神带来了极大的压力，需要运用口语交际排遣烦恼，放松自我，通过轻松、愉快的交际使心理得到平和与安宁。

总的来说，无论是社会生活还是个人生活，都离不开口语交际这一有效的沟通方式。

（三）口语交际的困难

中国古代法家代表人物韩非著有《韩非子》一书，其中《说难》一篇专门讲了游说的困难：在帝王时代，一个好的建议或者一个批评，说话者在讲的时候就要有被杀头的准备。而话讲对了，也许只是“片言”，却可能立刻晋入卿相之位。话说得好效益如此明显，当然所承担的风险也特别巨大。而在现代生活中，说话不看对象、不讲究方法，杀头的危险虽不至于，但得罪人以致办不成事的情况却比比皆是。因此，我们有必要学习说话的艺术，提高说话的技巧。

练习

1.在国外旅游时，你如何让语言不通的外国人明白你的意思?

2.阅读下面材料，谈谈你的感想。

一个很有名的作家要来书店参观。书店老板受宠若惊，连忙把所有的书撤下，全部换上该作家的书。作家来到书店后，心里非常高兴，问道：“贵店只售本人的书吗?”

“当然不是。”书店老板回答，“别的书销路很好，都卖完了。”

二、言之有意

（一）有的放矢

俗话说："到什么山唱什么歌。见什么人说什么话。"任何交谈，都离不开特定的对象。要使交谈达到既定的目的，必须知己知彼，有的放矢。要根据交谈对象的实际情况，如年龄、性别、身份、职业、文化教养、性格、心理等因素，有针对性地确定交谈的内容和方式，做到因人施语、一语中的，才能使交谈畅通无阻。

譬如，弟子仲由曾问孔子："听到了，就去干吗?"孔子说："不能。"不久，另一个学生冉求同样问："听到了，就去干吗?"孔子回答："干吧!"公西华在一旁听到了这些，就问孔子："两个人的问题相同，而你的答案却相反，这是为什么呢?"孔子解释说："冉求平时做事好退缩，所以我给他壮胆；仲由好胜心强，胆大勇为，所以我劝阻他。"可见，孔子说话是根据对方的性格和心理状态来说的。

又如，孔子有一天带着他的几名弟子出外讲学、游览。当他们一行人来到一个村庄时，孔子的马意外地挣脱了缰绳，跑到庄稼地里吃起了麦苗。一个农夫上前将马扣了下来。学生子贡自恃口才不凡，自告奋勇地上前去企图说服那个农夫，争取和解。然而，他说话文绉绉，满口之乎者也，将大道理讲了一通又一通，虽然费尽口舌，可农夫就是听不进去。有一位新来的学生，看到子贡与农夫僵持不下，便对孔子说："老师，请让我去试试看。"于是他走到农夫身旁，笑着对农夫说："你并不是在遥远的东海种田，我们也不是在遥远的西海耕地，我们相互之间靠得很近，相隔不远，我的马怎么可能不吃你的庄稼呢？再说了，指不定哪天我的庄稼也会被你的牛吃掉，你说是不是？我们该彼此谅解才是。"听完这番话，农夫觉得很在理，于是将马还给了孔子。旁边几个农夫也互相议论说："像这样说话才算有口才，哪像刚才那个人，说话不中听。"子贡跟农夫说话满口"之乎者也"，农夫听不进去；新来的学生用农夫听得懂的语言，三言两语就解决了问题。

（二）言外之意

与人沟通，最重要的是能听出言外之意。想要在交谈中言之凿凿，一语中的，就需要听清别人的意思。所谓“言外之意”，即是指“话外的意思”。交谈中，除了当前这句话的意思之外，往往还有未说出口的“言外之意”。准确理解这些言外之意才能帮助我们更好地说话。

《论语·阳货》记载：孔子来到弟子言偃正在治理着的武城这个地方，听到了音乐的声音，孔子微笑着说：“宰鸡哪里有必要使用宰牛的刀呢？”这话字面上说“杀鸡不需要用宰牛的刀”，实际上是说“处理小事不需要用礼乐”。弟子子游显然听明白了，于是回答说：“以前，言偃听到先生说过：‘君子学习大道就会爱别人，平民百姓学习大道让他们做事就会做得更好。’”孔子立刻收起轻视之心，说：“你们几个人注意一下！言偃的话是对的，我前面的话只是说笑话而已。”

罗贯中《三国演义》记载：“操欲立后嗣，踌躇不定。乃问贾诩曰：‘孤欲立后嗣，当立谁？’贾诩不答，操问其故，诩曰：‘正有所思，故不能即答耳。’操曰：‘何思？’诩对曰：‘思袁本初、刘景升父子也。’操大笑，遂立长子曹丕为王世子。”这里，贾诩说出口的是“袁本初、刘景升父子”，未出口的则是“袁绍（袁本初）和刘表（刘景升）都是因为不立长子而立幼子，导致自己势力内部相争，最后势力覆灭。”曹操善听人言，因而大笑表示明白，最终立了长子曹丕为世子。

2002年5月24日，美国总统布什在莫斯科与俄罗斯总统普京会谈。在两国总统的答记者问中，布什总统说：“武器已经不再互相瞄准。”普京总统说：“任何手拿武器，哪怕是拿猎枪的都知道，让它退出弹药，远离人群，是最安全的。”两位总统表达了类似的意思：两国已经放下冷战，走向合作。比较而言，普京的话则更有深意：真正的安全并不是手持武器的人不再敌对，而是敌对的双方都能够退出子弹，放下武器，才能真正地保证世界和自己国家的安全。

练习

1. 惠施在梁国做宰相，庄子去看望他。有人告诉惠施说：“庄子（到梁国）来，是想取代你做宰相。”于是惠施非常害怕，在国都搜捕几天几夜。庄子前去见他，说：“南方有一种鸟，它的名字叫鹓鶵，你知道它吗？那鹓鶵从南海起飞飞到北海去，不是梧桐树不栖息，不是竹子的果实不吃，不是甜美的泉水不喝。”庄子的话有什么含义？

2. 一个老和尚有两个徒弟——大和尚和二和尚。一日，大和尚向老和尚打小报告，说二和尚洗碗时把碗打破了一个。老和尚手捻佛珠，双眼微闭，说道："我相信你永远也不会打破碗。"老和尚的潜台词是：__________

3. 巴以冲突由来已久，争取和平是两国人民的共同心声。巴勒斯坦已故领导人阿拉法特在一次联合国会议上发表了一篇著名的演说，最后一段是："我是带着橄榄枝来的，也是带着一个自由战士的枪来的，请不要让橄榄枝从我手中滑落。"

这一段话表明了阿拉法特对今后巴以关系的鲜明态度，每一句都意味深长。从这几句话中，你听出了哪三种信息？

三、言之有理

（一）循循善诱

春秋时期，孔子因为博学高才且善于教学而受到了学生的崇拜。颜渊是孔子的得意门生之一，他称赞孔子的教学方法说："夫子循循然善诱人，博我以文，约我以礼，欲罢不能。"同样，在口语交际中，你说的话有道理，人家才会听。而这种道理，如果生硬地说，效果就大打折扣。怎样说理才能让人信服呢？答案是循循善诱！

这一方面，先秦儒家的孟子最善此道。

曾经有一个任国人对孟子的学生屋庐子说："如果按照礼节去找吃的，便会饿死；不按照礼节去找吃的，便能得到吃的，那一定要按照礼节去行事吗？如果按照迎亲礼，便得不到妻子；如果不行迎亲礼，便会得着妻子，那一定要行迎亲礼吗？"屋庐子茫然不知所对，转而求助于孟子。孟子认为要这样答复任国人："扭转哥哥的胳膊，抢夺他的食物，便得到吃的，不扭便得不着吃的，那你会去扭吗？爬过东邻的墙去搂抱女子，便得到妻室；不去搂抱，便得不着妻室，那你会去搂抱吗？"孟子并不直接回答任国人的诘难，而是举出两个例子说明违背礼节的危害，让任国人自己判断。

梁惠王曾经请教孟子："我对于国家，那可真是够尽心的啦！黄河北岸魏地收成不好，遭饥荒，我便把那里的百姓迁移到河东，同时把河东的粮食运到河内，河东遭了饥荒，也如此办。我考察邻国的政治，没有哪个国家像我这样用心的。邻国的百姓并不因此而减少，我的百姓并不因此而增多，这是为什么呢?”孟子没有直接讲道理，而是打了个比方：“大王喜欢战争，那就让我用战争作比喻吧。咚咚地敲起战鼓，兵器刀锋相交撞击，有人扔掉盔甲拖着兵器逃跑。有的人跑了一百步停下，有的人跑了五十步停下。凭着自己只跑了五十步，而耻笑他人跑了一百步，那怎么样呢?”惠王说：“不可以。只不过没有跑上一百步，这也是逃跑呀。”孟子说：“大王如果懂得这个道理，那就不要希望自己的百姓比邻国多了。”因为如果不行“仁政”，这种所谓的“尽心”，在孟子看来只是“爱民”的临时措施，与邻国之政实际上是五十步与百步之比。梁惠王恍然大悟！

（二）巧妙应对

面对别人的诘难，井井有条地阐明自己的道理，只要“持之有据，言之成理”，就能赢得对方的认可与尊重。在这方面，周恩来总理的应对堪称典范。新中国刚开始跟西方建交时，西方记者总想刁难我们，常常会问一些让人难以回答的问题。当身陷语言窘境时，周恩来总是用他的机智巧妙地予以化解，赢得世人的普遍赞赏。美国前总统尼克松在他出版的著作《领袖们》中，将周恩来列入20世纪少有的几位伟人之列，与丘吉尔、戴高乐相提并论。他在论及周恩来的智慧和谈话艺术时说：

“周恩来的敏捷和机智大大超过我们所知道的其他任何一位世界领袖，这是中国人独有的、特殊的品德，是多少世纪以来的历史发展和中国文明的精华的结晶。在谈话中，周恩来仔细地分辨每个词语的不同含义及它们之间的细微差别；在谈话中，他用迂回的办法避开争论之点；在外交上，他有时善于通过似乎不重要的事情来传递重要的信息。”

举个例子，有一次，周恩来接见的美国记者不怀好意地问：“总理阁下，你们中国人为什么把人走的路叫作马路?”面对这样赤裸裸的嘲讽，周总理听了以后没有急于用刺人的话反驳，而是妙趣横生地说：“我们走的是马克思主义之路，简称马路。”

又有一次，记者问到：“中国现在有四亿人，需要修多少厕所?”这纯属无稽之谈，可是，在这样的外交场合，又不便回绝，周总理轻轻一笑回答道：“两个！一个男厕所，一个女厕所。”

还有一次记者招待会，周恩来总理介绍我国建设成就。一个西方记者问：“中国人民银行有多少资金?”这涉及国家机密，不可能直言相告。总理眉头一皱，很快答道：“有18元8角8分。”在场的人全都愕然。总理解释说：“中国人民银行的货币面额为10元、5元、2元、1元、5角、2角、1角、5分、2分、1分，共十种主辅人民币，合计为18元8角8分。中国人民银行有全国人民作后盾，信用卓著，实力雄厚，人民币是世界上最有信誉的一种货币。”话音刚落，全场响起热烈的掌声。这里，总理有意回避问题的实质，以“总面额”替代“总金额”，既堵了外国记者的口，又不损害招待会和谐的气氛。

总的来说，周恩来的口语风格严密、审慎、析理入微，很少借助华丽辞藻表现他的才能，而是依靠内在充实的材料和逻辑分析显示他的演说力量。

练习

1. 小张的家长严厉反对他玩电子游戏，理由是：“玩物丧志，沉迷网络”，小张请求你帮助他说服家长。你会如何说？

2. 5月3日，四川达州八旬老人李某乘动车到成都看病，没有买到全程座位票。到达南充站后，老人被座位主人请了起来，老人女儿希望座位主人和老人挤一挤，遭到拒绝。之后，一中年男子为老人让了座。老人女儿说：“年轻人应该多学学”。假如你是座位主人，你将如何回应？

3. 李老师夫妇赴日本讲学，在日本好友家做客，日本太太对李夫人说：“李夫人举止文雅，像日本人，不像中国人。”以下哪种应对较好？

A.“太太，您也很文雅，和我们中国人一样，不像日本人。

B.“过奖了，哪里比得上你们日本人。”

C.“太太，中日文明是同宗同源，共同进步的。”

四、言之有情

（一）动之以情

人是有感情的动物，感情在认知活动中的作用有时是很大的。它可以敞开理性的大门，从积极方向来理解说话内容；也可以关闭理性的大门，或者抗拒性地、消极地对待说话内容。交谈过程中，听者的注意力、理解力和记忆选择性，在很大程度上是由感情因素决定的。正如《鬼谷子》所说：“说者听，必合于情，故曰：‘情合者听。’”说话想要让人听从，就必须要与人情感共鸣，心意相通。白居易《与元九书》中说：“动人心者莫先于情。”说话以情为先，情感动人，用自身的情感潜移默化地去感染别人，自然就能提高说服力。所谓“晓之以理，动之以情”。说的话再有道理，如果不能打动人心，也就仅仅是空泛的“大道理”。而当言语充满情感，并用感情去激发听话方时，所说的话往往能收到良好的效果。

1940年，二战的硝烟在欧洲弥漫，英国面临着纳粹的威胁，国内局势十分严峻。丘吉尔临危受命担任英国首相，他在国会中发表了著名的演说《热血、辛劳、眼泪和汗水》：

“在这危急存亡之际，如果我今天没有向下院做长篇演说，我希望能够得到你们的宽恕。我还希望，因为这次政府改组而受到影响的任何朋友和同事，或者以前的同事，会对礼节上的不周之处予以充分谅解，这种礼节上的欠缺，到目前为止是在所难免的。正如我曾对参加本届政府的成员所说的那样，我要向下院说：‘我没什么可以奉献，有的只是热血、辛劳、眼泪和汗水’。”

这篇演说没有长篇大论，没有华丽辞藻，没有字斟句酌，没有喊口号。内容由两句道歉和一个表态构成，简短到难以想象，甚至称得上措辞仓促。但言辞恳切，内心拳拳：用“没什么可以奉献”的看似否定之语引出作为首相的最大贡献“有的只是热血、辛劳、眼泪和汗水”，对比强烈，效果显著。丘吉尔正是用发自内心的真诚告白打动了在场的所有人，他那充满激情的演说也鼓起了英国人民抗击侵略者的决心和对未来的信心。

（二）推己及人

林语堂曾在《吾国与吾民》中说："对中国人来说，一个观点在逻辑上正确还远远不够，它同时必须合乎人情。"其实不仅仅是中国人，世界各国都有着相同的认知，只是中国人尤为看重而已。这里所谓合乎人情，指的是"推己及人"，即用自己的心意去推想别人的心意，设身处地替别人着想。日常交际中，凡是善于体察人情的都能做到沟通顺畅；反之，轻则导致沟通失败，重则惹来祸事。

比如唐代诗人温庭筠，学问好，诗也好，名气也大，当时出入于宰相令狐绹的书馆，待遇也好。有一天宰相问他一个问题，他回答说：宰相啊！你大概事情太忙，但公务之暇也要翻一下古书啊，你问的就是《庄子》第二篇里的一句话啊！宰相听了很不高兴。面对宰相询问，如果含糊其言："这个不知道是不是《庄子》里的一句话？我也记不得了"就会显得比较妥当；或者装作不知道，再偷偷地给他递一个条子，宰相一看自己就知道了，那更好。温庭筠却直言那是《庄子》里的话，好像你身为宰相，连一二三加起来等于多少你都答不出来，这不是让宰相难堪吗！更有甚者，还要加上"你大概事情太忙，但公务之暇也要翻一下古书"的训诫之语，这是一个下属面对领导应有的说话语气吗？显然不能啊！从此前途没有了。后来温庭筠自述自己的人生有两句诗形容，"因知此恨人多积，悔读南华第二篇"。[①]把自己因为情商低而犯的错怪到书读多了上面，显然没有找准病根，也难怪一生郁郁不得志。

又如，在某医科大学附属医院神经科，一位新入院的病人问护士："小姐，神经科治的都是些什么病？"护士随口答道："多啦，都是难治的病。"病人又问："像我这样的病多久能治好？护士不耐烦了，回答："你只管好好养病，问这么多干啥。没听说吗，神经科神经科，活得少死得多，剩下一个傻呵呵。"从医务人员专业的角度，神经科收治的病人确实难治，预后效果也不尽如人意。护士的本意是劝诫病人不要多想，好好配合治疗。然而说出的话却极其难听！站在病人的立场，谁又希望自己一入院就被判死刑"活得少死得多"，哪怕不死也"剩下一个傻呵呵"？这几句话对病人无疑是晴天霹雳，使他感到求生无望，当晚就跳楼自杀了。常言道"良言一句三冬暖，恶语伤人六月寒。"护士说的是事实，却不近情理，完全没有考虑病人的感受，结果一时的口舌之快而导致了病人自尽的悲剧。

① 计有功.唐诗纪事[M].上海:上海古籍出版社,2000.

练习

1．某班语文老师布置学生读名著《西游记》。同学甲家境较差，在书店花十几元钱买了一本普及本。到学校后，看到同桌乙买的是一百多元的豪华本，甲有点尴尬。为消除甲的尴尬，乙说：“____________________。”

2．指出下面说法中较为得体的一项并说明原因。

A．你走慢点，等等他，他是瘸子。

B．这是你家拍来的电报，说你奶奶死了。

C．听说你生病住院了，我正好上街，顺便来看看你。

D．请你大声点说，我爷爷耳背。

3．阅读下面材料，谈谈你的感想。

甲乙两个猎人各猎得两只野兔回家，甲的妻子看见后冷冷地说：“怎么只有两只？”甲猎人不悦，心想：“你以为很容易打到吗？”第二天，他故意空着手回家，让妻子知道打猎是不容易的事。乙猎人遇到的情形恰好相反。他的妻子看见他带回两只野兔，就欢天喜地地说：“竟然有两只！”乙猎人心中喜悦：“两只算什么？”第二天，他打回了四只野兔。

五、言之有礼

（一）态度恳切

《论语·乡党》记载：“朝，与下大夫言，侃侃如也；与上大夫言，訚訚如也。君在，踧如也，与与如也。”意思是说，孔子在上朝的时候，国君还没有到来。他同下大夫说话，显出一副温和而快乐的样子；他同上大夫说话，则表现为正直而公正的样子；国君已经来了，他就做出恭敬而心中不安的样子，但又仪态适中。孔子主张不同层级的等级制度，下大夫、上大夫、君，是三个不同的等级，对于不同的等级他有不同的对话方式。从孔子所做过的官来看，下大夫很可能是孔子的平级，上大夫很可能是孔子的上级。孔子与平级对话时态度温和快乐，平易近人；与上大夫对话，心怀敬意；与君主对话，则内心充满了敬意，行为肃穆庄严。综上，虽然对不同的交谈对象，孔子说话的态度有所不同，但都有一个共同点，即：态度诚恳！

说话本身是用来向人传递思想感情的，所以，说话时的神态、表情都很重要。例如，当你向别人表示祝贺时，如果嘴上说得十分动听，而表情却是冷冰冰的，那对方一定认为你只是在敷衍而已。所以，说话必须做到态度诚恳亲切，才能使对方对你的说话产生表里一致的印象。

（二）言辞文雅

在人际交往中，温文尔雅的言语容易给人留下良好的印象，让人如沐春风，无比惬意；相反，如果言谈粗鲁，出口成“脏”，就会让人产生反感甚至厌恶。语言苍白是一件十分可怕的事情，而那种富有知识、趣味的谈吐绝对会使你在众人中脱颖而出。动听的语言总是给人留下深刻的印象。要做到语言文雅，首先可以在称呼上下功夫，一个恰当的称呼可以叫到别人的心坎里去，能让别人更容易接受你；而不恰当的称呼则可能让别人心里不舒服，进而影响接下来的交际。交谈时，要根据对方的性别、年龄、职业、职务等，给予对方恰当的称呼，这是必须做好的第一件事。其次是选择适当的话题，如共同感兴趣的话题，高雅的话题，轻松的话题，时尚的话题。同时，还要做到尊重他人隐私，主动回避与隐私相关的话题诸如收入、年龄、婚恋、身体、信仰等。

《论语·乡党》记载“孔子于乡党，恂恂如也，似不能言者；其在宗庙朝廷，便便言，唯谨尔。”意思是说：孔子在本乡的地方上显得很温和恭敬，像是不会说话的样子。但他在宗庙里、朝廷上，却善于言辞，只是说得比较谨慎而已。把孔子日常与在朝廷的说话方式加以对比，十分生动有趣，亦发人深思。孔子于乡党为何似不能言，而在朝廷则便便而言？乡党多是农民，樊迟向孔子问家事，孔子说自己并不如老农。孔子有满腹经纶，但不以在他人面前炫耀为荣，而是希望言之有物。似不能言，其原因或许是孔子认为倾听乡党的意见才是比较重要的事吧。

（三）用语礼貌

俗话说：“礼多人不怪。”在交谈中多用一些敬语和谦语，这样能体现出一个人的文化素养和尊重他人的良好品德，会给别人留下美好的印象。这也是一种修养的自然流露，是不可缺少的。它们包括："您好""请""请允许""谢谢""别客气""对不起""打扰您了""没关系""请原谅""麻烦您了""再见"等。反之，如果说话过于随便，少用甚至不用敬语和谦语，会给人语气生硬的感觉，影响人际交流。

如，小王是刚刚工作的秘书。一次，他奉命接待一位公司的客户。客户来到公司，小王看见了，上去就说："陈先生，我们经理让你上去。"这位陈先生一听，心想：我又不是你的下属，凭什么让我上去就上去，哪有这样做生意的？一气之下就对小王说："你们要想做生意，自己来找我，我回宾馆了。"如果小王当时使用了"请"字，情形就会大不一样了。

练习

1. 小李在出差途中，与同座的一位老大爷聊天。言谈中他问道："哎，你几岁了？"老人听了没好气地说："三岁！"小李听了十分尴尬。你能说说小李为什么会陷入尴尬境地的吗？

2. 有一位卖水果的售货员，看到排队的顾客中有一位是拄拐杖的，想照顾他一下，于是就对着他喊道："喂，那位瘸子，到前面来吧！"可是那个顾客不但不领情，反而瞪了她一眼，走了。这位顾客为什么不领情？售货员语言有什么不妥请加以改正。

3. 南方某县一位老工人，姓李，因患急性胰腺炎住院，病房床号是203。有一天，某值班护士问他："203，你今天怎么样了？"她看了看床头柜说："你又忘记吃药了，你不知道你的病很危险吗？"这时，隔壁病房的家属喊她去给病人挂水，她转过脸说："喊什么喊，你没看见我在跟他讲话吗？"上文中那位值班护士说的三句话都欠妥，你认为怎么说得体？

六、言之有节

（一）三缄其口

《论语》云：“一言可以兴邦，一言可以丧邦”，孔子认为说话是进德、修业、治国的大事。说话最大的智慧就是说话要谨慎，要慎对言说。《孔子家语·观周》中记载，孔子从鲁国到周朝的都城洛邑去游学时参观了周朝供奉周太祖后稷的宗庙。在庙右边的台阶前面有一个“三缄其口”的“金人”，就是用铜浇铸的人像，在嘴上贴了层层封条。在“金人”的后背上有一篇长长的铭文，其中有许多箴言，都是关于慎重言说的：如“无多言，多言多败。”（不要多说话，多说话就多失败）“诚能慎之，福之根也；口是何伤？祸之门也。”（如果能够谨慎行事，那就是幸福的根源。口有什么坏处？口就是祸害之门。）

孔子认认真真地读完了这篇铭文，感触很深，回头对跟随他的人说，弟子们要记住啊！这些话是实在而中肯的，合情而又可信的！孔子接着引用《诗经》上的话：“战战兢兢，如临深渊，如履薄冰。”并且说：“行身如此，岂以口过患哉！”如果像这样处世行事立身，难道还会因为说话招来祸患吗？在《论语·子路篇》中，孔子又说：“刚、毅、木、讷，近仁。”其中“讷”字，就是要人们说话不轻易出口。时至今日，“三缄其口”已经跟“言多必失”“祸从口出，病从口入”“多吃一口饭，少说一句话”等一样，成为一种文化的沉积了。

（二）辞达而已

言之有“节”的第二层意思是要用凝练、简洁的语言来表达信息，所谓言不在多，“辞达而已矣。”（《论语·卫灵公篇》）言辞足以达意就可以了。我们看一下《论语》中所记载的孔子说话的情况就能感受到，辞不贵多，也不贵少，取达意而止。

举个例子，《论语·宪问篇》中有人问孔子子产是怎样一个人，孔子说：“惠人也。”就是说，他是一个施恩惠给别人的人。又如孟懿子问孔子什么是孝？孔子的回答就两字：“无违”。樊迟为孔子驾车，孔子告诉他这件事，樊迟问：“‘无违’

是什么意思啊?”孔子才说“生，事之以礼；死，葬之以礼，祭之以礼”。意思是父母在世的时候，依照礼节侍奉父母；父母去世以后，按礼节安葬、照礼节祭奠。在《先进·侍坐》里，孔子在听取了子路、冉有、公西华、曾皙的政治理想后，对于自己的政治主张只说了“吾与点也”一句话，没有任何阐释。可见，“敏于事而讷于言”已经成为孔子的一贯践行。

（三）含蓄委婉

子张向孔子请教求官位得俸禄的方法，孔子说：“言寡尤，行寡悔，禄在其中矣。”（《论语·为政》）意思是说言语上减少过失，行为上减少悔恨，官职俸禄就在里边了。那如何才能减少言语上的过失呢？小心谨慎，轻易不冒犯他人，说话含蓄委婉，点到即止。

有人问孔子子西是怎样一个人，孔子说：“彼哉！彼哉！”就是“他呀！他呀！”孔子没有具体评价，而是用“彼哉！彼哉！”表明了自己的观点，意思是说这个人算什么，根本不值得评论。孔子也骂人，但骂起来都很温柔含蓄。《论语》中常见的表述如“吾未见刚者”“吾未见仁者”“吾未见好德如好色者也”，其实就是孔夫子在骂“你们这帮软骨头”“你们这帮混混儿”“你们这帮色鬼”。但骂归骂，孔子骂人可不带脏字，也非常有节制。

练习

1. 楼上邻居的小孩每天练琴到深夜，影响到你的睡眠，你打算如何对邻居说?

2. 一个同学匆匆走进教室，习惯性地用卫生纸把自己的座位擦干净，随手将纸团扔在地上。你作为他的同学，想要如何对他说?

3. 分析下面对话

顾客：厂长，贵厂生产的毛巾，那上面的蝴蝶可是栩栩如生呐！
厂长（惊喜的）：是吗?
顾客：我洗脸时，那蝴蝶竟扑到我脸上来了！

七、言之有物

（一）具体

平时，我们经常觉得自己或别人说的话不容易记住，过一会儿就忘了。为什么呢？就是因为“言之无物”。言之无物的话往往内容空乏，无实质性的东西；或者全篇空洞说教，使人昏昏欲睡；或者缺乏形象性，给人感觉枯燥乏味。想要在交际中引起听话人的兴趣，我们就要在说话的具体内容上下功夫。

比如，亲子沟通时用“宝贝，你真乖”这样空乏的话语来表扬孩子，效果就很不理想。孩子只知道自己被表扬，却不知道究竟为什么被表扬。但如果我们换一种说话方式：“哇，宝贝，你帮妈妈倒了垃圾，把脏碗筷拿到厨房里，给花浇了水。真是妈妈的小帮手！”表达赞美的同时说出具体细节，让孩子知道父母花了时间来看自己的努力，是真心赞扬而不是随口之语。孩子听了就会很高兴。

又如女孩对男友生气，说：“你对我一点也不上心。”男友听了第一反应很可能就是“哪里不上心啦？你又闹脾气了。”如果那个女孩把空洞的“一点也不上心”换成“昨天我生日，你没有送我生日礼物；我上周身体不舒服，你不陪我反而出去跟朋友打球”等具体事项，男友就能明白自己到底什么地方做得不好进而才能改善。

简单地说，和别人说话的一个最大的忌讳就是脱离实际情况尽说空话。所以在和别人交谈的时候，先从很小的事情谈起，并且将这些事情与实践结合起来，说经验，谈想法，千万不可夸大事实，只有这样才能抓住对方的心，让对方能够和你愉快地沟通。

（二）准确

言之有物的另一层含义是“用语准确”。与人交谈，言之凿凿是起码的要求，然而并非每个人都能做到。

抗日战争前，广州有一个军阀叫李福林，本来不学无术，却要故作高雅，时不时地来几句成语或者几个文绉绉的词语。一次，他到中山大学演讲，开头是这样说的："诸位大学生们，校长阁下敬请我光临贵校，本人深感侥幸，犹如鹤立鸡群，不由得使我飘飘然。"听到这里，台下的学生"轰"的一声大笑起来，听到笑声，李福林不高兴了，他正色到："你们笑什么？我虽然是一个大老粗，说话狗屁不通，可是打起仗来，我能赤膊上阵！"这里，"诸位"已经包含了大家的意思，因此"大学生"后面的"们"字可以省略。而作为被邀请来做演讲的嘉宾，应该用谦词，而这里却用了敬词"敬请我光临"。词语"侥幸"也使用不恰当，应该改为"荣幸"。"鹤立鸡群"表明自己比所有的听众水平都要高，用词不当。"不由得使我飘飘然"又有自贬的意味。短短几句话，错误一大堆，招来嘲笑也就在所难免。

与之相反，在"用语准确"这方面，孔子堪称典范。对自己学生的特点，孔子往往只用一个字就揭示出来。比如，《论语·雍也篇》里孔子说："由也果……赐也达……求也艺。"意思是说：子路是"果"，就是果敢决断；子贡是"达"，就是通情达理；冉求是"艺"，就是多才多艺。虽然仅仅一个字，孔子却抓得很准，把学生的个性与才能都凸现了出来，显示出孔子高超的说话技巧。

（三）客观

首先，在口语交际的时候，一定要注意自己的态度，要实实在在、恭恭敬敬。说话的时候，不必高谈阔论，婉转动听，只要言简意赅就可以了。通常情况下，问题的关键也就在那几句简单朴实的话语当中。

1991年11月，李雪健因主演《焦裕禄》同时获得"金鸡奖"和"百花奖"两个大奖。他在答谢时没有用别人常说的毫无新意的套话，只是诚挚地说："苦和累都让一个大好人焦裕禄受了，名和利都让一个傻小子李雪健得了。"这两句话既实在又客观，而且言辞恳切，让人看到了李雪健的诚意。他的话刚停，全场掌声雷动。

再者，客气话通常用来表示恭敬和感激，而恭敬和感激要适可而止。比如有人替你做了一点点小事，你只要说"谢谢""这件事麻烦你了"就好。至于"才疏学浅""请阁下多多指教"这种缺乏感情的客套话，就可以免了。

第三，说服他人的时候使用客观信息比主观指令更容易让人接受。比如，一位祖父周末照看孙子的时候，孩子可能会找一些类似"爸爸妈妈同意我们晚上爱几点睡就几点睡""我平时睡得就很晚"等老掉牙的借口来躲避管教。这个时候，使用"在我家要按照我的规定来，小孩子周六晚上八点半上床睡觉"就比"不行，在我家，我让你们去睡，你们就得去睡！"的说法好。因为相对而言，人们更能接受客观信息而厌恶主观指令。与此类似，作为老师，当你想说"别忘了把书包挂起来"的时候可以试试"提供客观信息"："书包应该装进椅子下面的篮子里，而不是放在教室的地板上。"

练习

1. 你放假回到家，发现家里乱糟糟的，你将如何对父母说？

2. 假如面临以下情景，请尝试准确表述自己的感受：考试题目太难没做完试卷；上课的时候因为被人耽误而迟到；女（男）朋友毫无征兆地突然不理你。

3. 你跟朋友一起去滑冰，他不佩戴护具，你要怎么提醒他？

八、言之有趣

（一）新奇

言之有趣指的是语言生动有趣，耐人寻味。说话风趣能增强讲话的冲击力和表现力，提升讲话的水平。在特殊的场合和语境中，还能活跃气氛，缓解紧张，化解矛盾，摆脱尴尬。

对一些深入人心能引起听者强烈共鸣的语言进行因地制宜的巧妙改编，赋予新意，为我所用，往往能产生极佳的说话效果。譬如，某综艺晚会上，一位嘉宾上台，说："刚才大家看我上台都笑了，你们是不是笑我长得丑啊。别看我丑，其实我很温柔。而且，我对我的丑引以为豪。因为，阿里巴巴的掌门人马云说过，男人的长相和能力往往是成反比的。我这么丑说明我很有能力啊，只不过尚待进一步开发。"观众大笑。"我很丑，可是我很温柔"源于歌手赵传1994年发布的单曲，在当年曾经轰动一时，广为传唱。男嘉宾用这句观众极为熟悉的歌词开头，拉近跟观众的距离，然后巧妙地过渡到对丑自豪，从而引出马云"男人的长相和能力往往是成反比的"来凸显自己的能力，末尾再来一转"只不过尚待进一步开发"。一波数折，效果显著。

又如一位新手妈妈白天看文件晚上干家务，有时难免河东狮吼。每每这个时候，孩子爸爸就不温不火地抱着孩子唱："风在吼，马在叫，妈妈在咆哮，妈妈在咆哮……”女儿在他怀里像听懂了音乐一样咯咯直乐，这时候再紧张的气氛，也被冲淡了不少。把尽人皆知的《黄河大合唱》改编成“妈妈在咆哮，妈妈在咆哮”，营造出一种新奇之感，逗笑了女儿，逗乐了宝妈，一举数得。本来一地鸡毛的家庭生活陡然增添了许多趣味。

（二）幽默

幽默是指说话有趣且意味深长。它是智慧与知识的综合体。幽默睿智的人身边会有大批快乐的朋友。需要注意的是，幽默既不是毫无意义的插科打诨，也不是没有分寸的卖关子耍嘴皮。幽默要在情理之中，引人发笑，给人启迪，就需要一定的素质和修养。

比如，一群激进分子在某政府门前作抨击时弊的演讲，激昂之处，发誓要把政府办公大楼烧个片甲不留。这时走出一位官员来维持秩序，他对着激动的人群大声喊道：“请散开吧，要烧大楼的请到左边来，要烧议员的请到右边来。”愤怒的人们哄然大笑，刚才剑拔弩张的紧张气氛踪影全无。激进分子要烧大楼，官员没有强硬地表示反对，而是接着他们的话语继续往下说，并“贴心”地为他们分类：“要烧大楼的请到左边来”“要烧议员的请到右边来”。幽默的话语让激动的人群冷静下来思考“自己究竟要烧什么”，而人一旦情绪稳定以后，就不会做出过激的事。

又如某君肥胖，有次去友人家赴宴，刚落座便听得“喀喀”两声，友人的餐椅从中折断。友人只是搓着双手，连说：“对不起”“别在意”等。某君却笑道：“小港湾哪泊得下万吨巨轮，下次请我吃饭，可得订做一张铁皮椅子。”一场尴尬由此化解。赴宴坐坏主人的椅子，双方都难堪，一本正经地道歉或者接受道歉，气氛都不会太融洽。用幽默的自嘲语言转移对方的视线，不失为较好的方式。

（三）急智

口语交际总是在一定的对象、一定的场合、一定的环境和一定的话题中进行的。交际的过程中，常常会有沉默、冷场、尴尬、冲突，会出现一些言语禁忌，突如其来的变故，难以预测的事态等，使得交际难以持续下去。这就往往需要交际双方临阵不乱，随机应变，巧妙地摆脱困境。纪晓岚巧应乾隆的传说，便是一个有趣的例子：

清代著名学者、《四库全书》总编纂官纪晓岚机敏过人，能言善辩。有一次，乾隆皇帝去察看《四库全书》的编撰情况，适逢纪晓岚因天气炎热打着赤膊在屋里编稿。一听皇帝驾临，他来不及穿衣服接驾，只好慌忙钻到桌子下面，叫人谎称不在。过了好一会儿，房内鸦雀无声，纪晓岚从桌底钻出，问道：“老头子走了没有?”其实乾隆并未离去，这一听龙颜大怒，责问纪晓岚为什么叫“老头子”？纪晓岚自知闯下了大祸，情急之中说道：“皇上万寿无疆，谓之‘老’，位居万民之上是为‘头’，人称天子是为‘子’，合起来即为‘老头子’。”乾隆听后，被纪晓岚的狡辩逗乐了。

纪晓岚在突发事件中随机应变，既摆脱了欺君之罪，又奉承了皇上，可谓一石二鸟，使交谈出现了“柳暗花明”的新天地。

无独有偶，一个主持人主持一台晚会时遇到了突发情况。当她仪态万方、充满自信地走上舞台时，不小心被麦克风的拉线绊倒了。全场哑然，陷入一片尴尬之中……她迅速地站了起来，镇定地说：“亲爱的观众朋友，你们的热情让我倾倒。”并深深鞠一躬……全场报以热烈的掌声。

可以这么说，急智应对是语智的一种表现。它体现了说话者有效感知言语信息并在第一时间作出反应的能力，是人的多种智能和多种素养的综合反映。

练习

1. 你被要求在新生欢迎会上致辞，你能说出哪些有意思的话题?

2. 幽默是一种智慧，请在以下短文的横线处为小王设计一句幽默的话，起到讽刺的作用。在一家餐馆里，伙食团里，一份菜本来是够吃的，但最近分量越来越少，渐渐不够下饭吃了。这天，小王的一份菜又很少，他吃完菜后，对老板说：“________________。”

3. 你跟同学辩论，对方情急之下说“跟你方辩论就是对牛弹琴!”你如何回应?

后　记

众所周知，“大学语文”“汉语写作”等类似课程是当下几乎每一所中国高校都开设的公共必修课；同时，《大学语文》又可以说是目前版本最多的高校教材之一。而与这繁荣景象共生共存的则是大学语文的进退之窘：如何不让大学语文沦为“高四语文”？如何不让大学语文成为“水课”“催眠课”？如何让大学语文成为博雅教育、通识教育的前沿平台？又如何让大学语文对学生未来的职业发展有着切实的帮助？

虽然长久以来，围绕这些议题都有许多的讨论与争论，但教材的编写必定是解决这一困局不可回避的首要一步。这也是我们编写《大学生读写说教程》的初衷：打破大学汉语教学的窘困局面，以地方理工科高校的大学生为目标读者群，探索出一种大学汉语教学的精准定位模式。

陈恩黎
于宁波工程学院
人文与艺术学院

图书在版编目（CIP）数据

大学生读写说教程 / 陈恩黎主编. — 杭州：浙江大学出版社，2021. 6（2025.1重印）
ISBN 978-7-308-21241-0

Ⅰ. ①大… Ⅱ. ①陈… Ⅲ. ①大学语文课—高等学校—教材 Ⅳ. ①H193.9

中国版本图书馆CIP数据核字(2021)第059047号

大学生读写说教程
陈恩黎 主编

责任编辑 马海城
责任校对 汪荣丽
封面设计 周　灵
出版发行 浙江大学出版社
（杭州市天目山路148号　邮政编码310007）
（网址：http：//www.zjupress.com）
排　　版 杭州兴邦电子印务有限公司
印　　刷 杭州杭新印务有限公司
开　　本 787mm×1092mm　1/16
印　　张 13.25
字　　数 252千
版 印 次 2021年6月第1版　2025年1月第7次印刷
书　　号 ISBN 978-7-308-21241-0
定　　价 40.00元